华夏文库·儒学书系

鹿因时鸣
白鹿洞书院

吴秦荔 著

大地传媒 中州古籍出版社

《华夏文库》发凡

毫无疑问，每一个时代都有属于自己时代的精神追求、文化叩问与出版理想。我们不禁要问，在21世纪初叶，在全球文明交融的今天，在信息文明的发轫初期，作为一个中国出版人，我们正在或者将要追求什么？我们能够成就或奉献什么？我们以何种方式参与全球化时代的文化传播进程？在一连串的追问下，于是，有了这套《华夏文库》的出版。

自信才能交融。世界各大文明在坚守自身文化个性的同时，不约而同地加快了探视其他文化精神内涵的步伐，世界不同文明正在朝着了解、交流、碰撞、借鉴与融合的方向前进。在此背景下，建立自身的文化自信，正是与世界各文明民族进行文化交流的基本要求。五千年中华文明与文化正在不断地被其他文明所发现、所挖掘、所认知，汉语言正在生长为世界语言，儒文化正在世界各地生根发芽。

借助这样一种正在成长着的文化自信、自觉、开放、亲和之力，用我们这个时代的学术眼光全面系统梳理中华五千年的文明与文化，向其他各人文明与文化圈正面展示自我，让中华优秀文化成为世界文化的重要组成部分，正是我们出版这套文库的目的之一。此其一。

知己才能知彼。身处五千年文化浸润的今天，重新思考我们先人的人生思考、价值思考与哲学思考，找到一个民族、一个国家的价值所在、立命所在、安身所在，这已经是我们这个时代的学人与出版人不得不再思考的问题。作为中华文明的一分子，我们在思考的同时，还必须了解我们的先人创造了如何优秀的精神文明与物质文明以及社会文明。只有熟知自己的文化，热爱自己的文化，悟明自己的文化，我们才能宣说自己、弘扬自己、光大自己。因此，我们策划组织这套《华夏文库》的初衷，还在于让当下的知识青年全面系统瞭望中华文明与文化的全景，并借此能够对更为深广的世界各民族文化提供一个比较认知的基础。此其二。

顺势才能有为。我们正处在农耕文明、工业文明、信息文明的交汇处，信息文明带领我们从读纸时代进入读屏时代，以智能手机屏幕为代表的书籍呈现方式正在与纸质书籍争夺阅读时间与空间。我们正在领悟数字技术，正在以信息文明的视角，去整理、分析和研究农耕文明与工业文明的文化遗产，不仅仅是为了唤醒优秀的传统文化，我们还在生发和原创着当今时代的文化。由此，我们试图架起一座桥梁——由纸质呈现而数字呈现，由数字呈现而纸质呈现，以多媒介的书籍呈现方式，将文字、图像、声音与视频四者结合，共同筑成《华夏文库》以奉献给信息文明时代的新读者。此其三。

总之，这是一套——专家大家名家写小书；以最小的阅读单元，原创撰写中华精神文化、物质文化与社会文明系列主题与专题；以图文、音视频多媒介呈现的方式，全面介绍与传播中华文明与优秀文化，系统普及与推介中华文明与文化知识；主旨是为了让世界与中国共同了解中国的——大型丛书，借此，复兴文化，唤起精神，融入世界。

耿相新

2013 年 6 月 27 日

目 录

一 "贯道门前卓尔山"
——白鹿胜景

二 鹿因时鸣
——书院兴起之时代背景

1　科考以量人 ………………………………15
2　油墨以解渴 ………………………………18
3　文人以治国 ………………………………24
4　书院以论道 ………………………………28
5　"白鹿先生"的隐读佳地 …………………35
6　偏安小朝廷的庐山国学 …………………38

三 鹿因人盛
——朱子与白鹿洞书院始末

1 乞修报告招讥讽 …… 46

2 诋程浪潮中的惨淡经营 …… 52

3 "学者学此而已"
　　——《书院揭示》与书院精神 …… 66

4 "义利之辨"举座动容
　　——陆九渊《论语讲义》 …… 74

5 子承父志
　　——朱在对书院的续建 …… 79

四 呦呦鹿千载，杏坛乃尚存？

1 千年兴废 …… 82

2 "礼失而求诸野"
　　——韩国千元纸币与日本学规歌声何以尚存？ …… 102

结语　即鹿无虞，往吝穷也 …… 109

小知识目录

"握发延宾"——延宾馆 ... 10

"山存人亦好"——独对亭 ... 10

四大书院之岳麓书院 ... 33

四大书院之睢阳书院 ... 33

四大书院之嵩阳书院 ... 34

"一寸光阴一寸金"——王贞白 ... 37

摩崖题刻美 ... 50

枕流、漱石 ... 50

钓台 ... 64

砥柱 ... 86

洙泗分流 ... 96

"东林书院源于薛"——薛应旂 ... 96

娜嬛 ... 100

文武正气一身兼——田桐 ... 101

一 『贯道门前卓尔山』

——白鹿胜景

庐山素有"匡庐奇秀甲天下"之誉。庐山以北是全国乃至整个亚洲最大的河流——长江，庐山东南是全国最大的淡水湖泊——鄱阳湖。在同一个地方出现大山、大江、大湖的三重组合，世界上很难找到第二处。

秉此山水灵气之尤大者，庐山东南五老峰下孕育出一块三面环山、俯视如洞的洼地。这块洼地自唐李宾客携白鹿隐读，始得白鹿洞之名；南唐建国学于此；宋初建书院并敕赐"九经"而鹿洞名扬四方；南宋大儒朱熹复兴之；明清二代绍继之。千年有余，"名公巨卿，鸿才硕彦，多出其中"，无怪乎清人王昶在《天下书院总志序》中称其为"天下书院之首"。

从九江市驱车南行，沿着环庐山公路往星子县方向行驶，目尽处的绵绵青山令人悠然意远。公路东边隔不远处便是烟波浩渺的鄱阳湖，从车窗远眺，隐约可见波光粼粼。继续前行，渐近群山，自山腰以上全为雾霭缭绕，宛入仙境。俗尘凡心至此而息。

《南康白鹿书院》碑
碑文由朱熹门下高足黄榦书写

约半小时车程后，环庐山南路向西分出一条岔路，路口硕大的指示牌提示游人白鹿洞书院即在此小路方向，后面的说明文字是"旅游胜地，千年学府"。

行车至此，已远离市区，而鹿洞却仍在更远处：沿此小路前行1公里方可到达——她不在路旁可望见群山处，而自在群山深处。这不能不令人感慨：古人为潜心修学，唯恐避世不远啊！

坐落在长沙城内且归湖南大学直接管辖的岳麓书院游客熙攘，热闹非凡；而白鹿洞则不然，人迹罕至，则古意绵长。旧迹斑驳的棂星门、夜色下春风楼前的朱子铜像、延宾馆门内的镌字影壁、憨态可掬的出土石鹿，沿阶而下贯道溪中遍寻摩崖石刻、独对亭前与同学辨识联语篆书……种种佳景旧事，经久不磨，是那年盛夏中凉意盎然的绝美回忆。"借得名山避世哗"，古人隐读佳地之幽僻却成为今人发展旅游经济的障碍。鹿洞幸耶？不幸耶？

白鹿洞因数面环山，中部低洼，故名之曰洞。踏上这条小路，前行百米，穿过周谷城先生亲题的"白鹿洞书院——圣域贤关"牌坊后，果然如入山间巨穴，猛然想起王安石《游褒禅山记》中的"入穴杳然"：道路两旁古木高耸，遮天蔽日。树干上青苔满布、藤蔓遍缠，向人们展示着古树爷爷的"高龄"。地势一路向下，千回百转，不知道这块洼地千百年来积聚了多少灵气。

白鹿洞书院的古建筑群落有8000余平方米，而其全部辖地则有近200公顷之多，环绕在书院楼阁亭台四周的全都是庐山最为古老的原始森林和原生植被，这一点全国其他任何书院都无法望其项背。这些森林资源极其珍贵，近年来，庐山管理局拨专款10万元，在书院周围开辟了近6公里的防火隔离带，这200公顷林园得以完好地留存。

因地处深山，需依山势而建，白鹿洞书院的建筑并非正南北、正东西走向，而是坐东北朝西南。沿西北—东南方向排列的五大庭院错落有致，分别是先贤书院（内有丹桂亭、朱子祠和报功祠）、棂星门（内有泮池、东西庑、礼圣门、礼圣殿）、白鹿洞书院（内有御书阁、明伦堂、白鹿洞和思贤台）、紫阳书院（内有崇德祠和文会堂）和延宾馆（内有林业学堂、憩斋、春风楼、逸园和状元泉）。

其中，书院的主体建筑在棂星门一线。五个庭院中，西边两院为祭祀区，东边三院为教学区和生活区。每组建筑既独立成体，又内有小门院院相通。

白鹿洞的主体建筑在书院中央，由棂星门、泮池、礼圣门和礼圣殿等组成。

棂星门始建于明代，是白鹿洞书院现存最古老的建筑之一。原为

棂星门

棂星门，明代南康知府何濬所建，后南康知府苏葵重建。初为木构建筑，后经南康知府周祖尧改为石筑。此门凝聚三任地方官员的心血方才最终得以建成

木构，后改石筑，即今之石柱牌坊。六柱五间，梁上刻有缠枝牡丹，刀法简练、粗犷。

东方是日出的方向，二十八宿以东方青龙为始，而青龙又以头上之角为始，所以古人言："角二星为天门。"角为天门，门形为窗棂，所以又称天田星为棂星。《后汉书》中说："棂星，就是天田星。如果要祭天，先要祭棂星。"汉高祖刘邦得了天下后，为使国家风调雨顺，即曾命祭祀天田星以祭天。

宋明以后，儒家把孔子与天相配，祭孔如同尊天。后来，人们又将棂星解释为文曲星、魁星，主管文章与文运。所以筑棂星门以祭祀孔子，象征孔子可与天上施行教化、广播教泽的棂星相比，也意味着天下英才毕集于孔学儒门之下。

泮池与状元桥
泮池是中国古代建筑中的一种半圆形水池，上有拱桥连通。古代有在学府前建泮池能振兴学业的说法，所以孔庙、学宫等建筑中多建有泮池

今日的棂星门古迹斑驳，在其他翻新修葺多次的书院建筑中分外夺人眼目。如您也去书院一游，请从棂星门下诚心走过，它一定会将天上文星的护佑带给您。

棂星门内为泮池，泮池上有桥，原称泮桥，现名状元桥。据说，泮池内曾遍植莲花，盖取北宋理学家周敦颐《爱莲说》中"出淤泥而不染"之意。

泮池后为礼圣门，礼圣门后为礼圣殿。

南宋淳熙九年（1182年），朱熹改任官职离开鹿洞前，遗钱30万与续任南康知军钱闻诗，嘱其修建礼圣门与礼圣殿。次年，由时任南康知军的朱端章破土动工，兴建而成。此二幢建筑凝聚三任地方官之心血方才修筑而成，后又经历朝历任官员多次重修。

礼圣殿是书院祭祀孔子及其门徒之处。殿正中有孔子行教立像，上有清康熙手书"万世师表"匾额，后壁两侧有朱熹书"忠、孝、廉、节"四个大字。

先贤书院，为礼圣殿以西的一组建筑，现为朱熹纪念馆。院中有"紫阳手植丹桂"的丹桂亭。

后院为专祀朱熹的朱子祠与祭祀历代有功于鹿洞之学者的报功祠。

白鹿洞书院，为礼圣殿以东之一组建筑。门楼上"白鹿洞书院"

丹桂亭

丹桂亭建于长方形台基上，旁边立有"紫阳手植丹桂"青石碑。朱熹手植丹桂于此，含有希望所有在书院中读书的人都能登科折桂之意

御书阁
御书阁在书院明伦堂之前,礼圣门之东,为木构建筑,二层。朱栏画栋,庄严宏伟

五字为赵朴初先生亲题。门楼后为御书阁。

御书阁在棂星门以东白鹿洞书院建筑群中,明伦堂以南,前身是建于南宋的圣经阁。

朱熹在复兴白鹿洞书院期间,曾奏请孝宗御赐《九经注疏》《论语》《孟子》等书,遂建圣经阁以藏之,后毁。现阁乃清康熙御赐《十三经注疏》、"廿一史"、《朱子全集》等书后,由南康知府周灿奏请所建。

阁外柱联曰:"泉清堪洗砚,山秀可藏书。"

御书阁后,则是书院讲堂——明伦堂,亦始建于宋,明代曾数度重建。外廊柱联云:"鹿豕与游,物我相忘之地;泉峰交映,仁智独得之天。"

自明伦堂再向后走，则能看到明代人所开凿之"白鹿洞"与所雕琢之石鹿。石鹿憨态可掬，煞是可爱。鹿洞之上，有明代地方官员所修筑之思贤台，取追思先贤朱熹之意。思贤台为全院之最高点，登临鸟瞰，可尽览书院之景。

白鹿洞书院以东是紫阳书院建筑群，匾额为冯友兰先生亲题。朱熹号紫阳，因以为名。

紫阳书院内有崇德祠，清代所建。崇德祠后为文会堂。朱熹复兴鹿洞期间，除讲会外，还举办有文会、诗会。朱熹之子朱在特建会文堂，后改名为文会堂。

紫阳书院再向东，便是位于书院最东边的延宾馆建筑群落。

踏入"贯道门"，映入眼帘的是江西高等林业学堂旧址。白鹿洞书院在晚清时曾被改建为林业学堂，遗址存留至今。此房为歌特式二层洋房，有露天平台，与书院中其他建筑的风格有显著不同。

林业学堂后为延宾馆。

鹿洞三面环山。书院之前山名卓尔山，取《论语·子罕》篇中颜渊形容自己受夫子教导后"如有所立卓尔"之意。书院之后山名后屏山，取背后屏障之意。此外，书院之东有左翼山，东南0.5公里外有回流山。

"仁者乐山，智者乐水"，群山掩映下，贯道溪一水中通，带来灵秀异常。郑廷鹄《卓尔山》诗云："贯道门前卓尔山，彩云相对水潺潺。"无怪乎朱熹评价此地"无市井之喧，有泉石之胜"。依秀水佳山而建，在世外美景中读书忘还、陶冶性情乃是书院的最大特色之一。

故地重游，仍旧入住延宾馆。暮春之际，依然凉意甚浓，两床被褥才能抵挡住入夜后的寒气。墙上的大蜘蛛小蜘蛛提醒你正身处山间。关灯后，伸手不见五指，倒越发睡得安稳。

清晨，被悦耳的鸟鸣声唤醒。推门一看，朱子手握书卷正毅然立于场院,仪容沉静端庄。伊川先生之言在耳边响起:"德容安可妄学?"不由得自警奋励之心肃然而生。环顾四下,空无一人,静无它声。春风楼后,古木参天,映衬着这小小庭院,越发显得气场十足。

步出延宾馆,径直走上枕流桥,清早的贯道溪显得格外欢快,在桥下喧豗激荡,煞是可爱。猛一抬头,不远处的"观澜"二字赫然在目。

伊川先生
程颐,北宋理学家和教育家,人称伊川先生。与其胞兄程颢共创"洛学",为理学奠定了基础。兄弟二人的学术思想与教育思想基本一致,合称"二程"

贯道溪水在书院门前很是细弱,此后由水道所引,时而潺潺,时而轰鸣,直至枕流桥下窄成一线而渐向前方汇成小潭。上游清浅的溪水在此处越聚越深,蜿蜒远方,我情不自禁地追随而去。

走下石路,踏上小路,脚下的泥土湿软异常,却并不粘脚。渐渐地走出了书院的古建筑群落,在穿过一段现代碑廊后,溪流突然不见了。再定神寻找时,发现远处的茂林中、不可见处仍传来潺潺水声。

一瞬间,我对贯道溪中的"贯"字恍然若有所悟:溪水在门前时尽管细弱,但它终究是活水,有源头,有去向,便不惧一时的浅弱。

贯道溪发源于五老峰,至书院后几经徘徊曲折,最终注入梅溪湖。五老峰乃是庐山支脉,梅溪湖则为鄱阳湖之内湖。这条贯道小溪在为鹿洞与庐山接地气、与彭蠡通血脉啊!一水贯注,便通灵无碍。

小知识◎ "握发延宾"——延宾馆

延宾馆始建于南宋。朱熹复兴白鹿洞书院时,为方便由南康(即今星子县)至书院的师友学者住宿,在南康府学之东与城北2.5公里的颜家山分别建立了两所延宾馆,又称白鹿洞馆或白鹿憩馆。明代时,又有地方官员在书院大成门之东另建延宾馆。三处旧址均因年久失修,不复存在。今日之延宾馆乃是国家文物局在20世纪90年代中期拨款修复而来。

延宾馆乃取"握发延宾、礼贤下士"之古义。朱子建延宾之馆,不仅延四方欲拜己为师的求学者,亦延学术观点相左的诤友陆九渊,可谓深晓延宾之义。1996年,庐山申报世界文化遗产时,延宾馆曾被指定为联合国官员下榻之所。四方宾朋,由中国拓展至了世界。新的时代背景下,鹿洞一定会以十足的底气与凸显个性的样貌来延请同道学人。

◎ "山存人亦好"——独对亭

独对亭在延宾馆东南,左翼山下,西对五老峰,下临贯道溪。原为北宋时丞相李万卷校勘书籍之处,故又名勘书台。

后朱熹复兴白鹿洞书院时始建亭于此,原名接官亭。凡去书院的官吏至此,文官落轿,武官下马,步行入书院。古时候,在很多地方的孔庙、国子监以及王府等处,都有"文官落轿、武官下马"的警示碑,以表示极大的尊敬。这种习俗相传始于汉代长安城的下马陵。西汉著名学者董仲舒死后,安葬在长安城南曲江附近。后一日,汉武帝经过这里,为表示对董仲舒的尊敬,特意下马步行,于是民间称仲舒墓为下马陵,亦沿袭发展出了对极受尊崇之人"文落轿、武下马"之习俗。

至明弘治年间,江西提学副使邵宝为纪念朱熹,更其名为独对亭。意取朱熹之道德学问可与五老峰相对,也唯有朱熹可与之相对。后任提学副使戴金有《独对亭》诗云:"山存人亦好,仁者寿若斯。"孔子有言:"仁者乐山。"古人认为有仁德的人内心稳静不乱,故而可以长寿,好似大山。因为山就是这样静伫而长久。邵宝与戴金均认为朱子之仁静与不朽可与五老峰相媲美,这便是独对亭名称的来历。亭前有朱子联:"境与神怡,五老时来作会;山从天传,千年我到为邻。"

二 鹿因时鸣——书院兴起之时代背景

魏晋时代,世家门第逐渐垄断了教育。两晋时,汉以来的太学虽仍然存在,但却仅承担着教育下层士人的职能,晋朝政府单独为贵族子弟设立了国子学,从而形成国子学与太学并立、高门士族与寒门庶族分途教育的体制。所谓"殊其士庶,异其贵贱"。

既分途而设,则二者间教育质量的差别不难想见。太学从曹魏重设以来,即充斥着因躲避徭役、兵役而混入其中的人，真正为求学而来者少之又少。因而太学"虽有其名，而无其实；虽设其教，而无其功"。事实上西晋政府之所以创建国子学，也是因为太学有名无实，故而另立他学以让贵族子弟得到更好的教育。南朝时则干脆仅存国子学而无太学，且国子生亦多为士族达官子弟，称为"国胄"。

由此可见，六朝时虽仍延续了两汉以来的国家教育，但却背离了国家教育乃为全体国民而设的精神。由此看来，六朝时代的国家教育名存实亡。教育对象从国民转为了贵族子弟。

于是，当平民中有聪明俊秀者欲求学之时，则一无书本（因印刷术尚未发明，民间欲获取书本极为不易），二无学校（平民既无

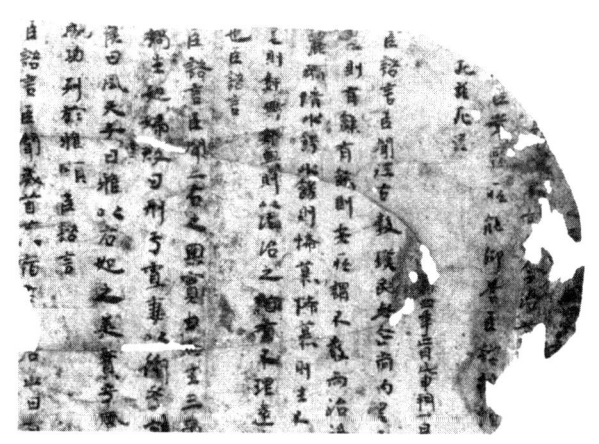

南北朝时策试秀才的试题和考生的答卷
南北朝时，部分国家仍然实行与汉魏相同的选举制度。统治者在选举秀才时，也重用士族子弟

反映太学兴盛的碑石
1931年出土,晋武帝于咸宁四年(278年)在都城洛阳的辟雍立此碑。辟雍为古代太学。碑刻反映了当时太学的兴盛

法进入只为贵族子弟设置的国子学,而允许庶族子弟进入的太学又无学术之实),于是便只能走入寺庙道观以发挥其聪明才智。

魏晋南北朝时期,佛道二教大兴,便是因为文化教育资源长期被少数特权阶层垄断,平民百姓在乱世中只能投入宗教的怀抱以满足精神需求。朱熹在重建白鹿洞书院时,就屡次说到庐山的寺庙道观数以百计,且遭到破坏后没有得不到修整与重建的,而儒家的教育旧址仅有白鹿洞一处,还久遭废弃而不能复兴,因此颇感不平。这确是经魏晋宗教大盛直至两宋而犹未休歇的真实情景。

直至唐宋科举制的兴起、印刷术的发明及宋朝文治政府的建立,才逐渐打破了这种局面。

1. 科考以量人

科举制是中国古代设科考试、选才任官的一项制度，从隋朝大业元年（605年）开始实行，直至光绪三十一年（1905年）正式废除，整整绵延存在了1300年。其间所产生的举人、秀才数以百万计，进士亦接近10万。这些人虽不敢说全是贤良之士，然而能在科考中过五关斩六将、最终得跃龙门者，绝大多数都非等闲之辈。

唐宋以后，历史上的名臣贤相、砥柱栋梁大都是进士出身。《唐摭言》卷一五《杂记》中记载，唐太宗来到端门，看到新科进士从榜下鱼贯而出，曾高兴地说："天下英雄入吾彀中矣！"明英宗之后，更是"非进士不进翰林，非翰林不入内阁"，进士成为高级官员的必须出身。

科举制曾传播至日、朝、越等亚洲国家，西方的英、法、美等国的近代文官考试制度亦主要受惠于中国的科举制。鉴于此，科举制被誉为"中国古代第五大发明"。

演化至末流时形成的八股取士所带来的弊害无法抹杀科举制本身在中国历史上的独大意义。自隋唐以往，中国的政府呈开放姿态，允

殿试
学子们正在完成科举最后阶段的考试——在皇宫中皇帝驾前举行的殿试

许社会各阶层的优秀分子通过考试进入政府，分享政权。真正的布衣公卿，"朝为田舍郎，暮登天子堂"，从此成为政府用制度确定下来的常态。世家门第由此遭到毁灭性打击，在此后1000多年的历史中，再未能形成可与政府分庭抗礼的贵族阶级。

政权转移导致文化下移。当读书与功名挂钩，利禄之途大启，"满朝朱紫贵，尽是读书人"的仕途诱惑促使"万般皆下品，惟有读书高"的观念开始在社会上逐渐蔓延开来。民间的读书热情遂日益高涨，不可逆转。

以大倡文治的宋朝为例：据宋人记载，在吴郡，父亲督促儿子、哥哥勉励弟弟，家家向学早已蔚成风气。如有不愿读书的年轻人，定会遭到大家的耻笑。在江西，做父亲和兄长的，会以自己的儿子和弟弟没能读书而自责；做母亲和妻子的，会因自己的儿子和丈夫没有读书而羞愧。

宋真宗赵恒御笔亲写的《劝学诗》大家更是耳熟能详：人们不用发愁没有钱财来购置良田、建造房屋乃至托媒娶妻，因为"书中自有千钟粟""书中自有黄金屋""书中自有颜如玉"。而全诗的最后一句"男儿欲遂平生志，六经勤向窗前读"更是整个科举时代"读书改变命运"的真实写照。

举国上下的读书热潮，强烈持久的教育需求，这是由唐至宋书院大盛的第一个历史背景。

2. 油墨以解渴

在世家门第衰落、科考量才勃兴的时代背景下,有一个与之交代迭起、交相呼应的大事件,即被誉为中国古代四大发明之一的印刷术终应运而生。

早在先秦时,即出现了印章摹刻,一般只有表示姓名、官职的几个字,盖在简牍结扎处的黏性泥土上,称为"泥封"。东汉始,立碑刻经之风大盛,人们发现在石碑上覆纸蘸墨轻轻拍打,纸面上即可留下一模一样的字迹,这便是拓印。

隋唐之际,科举制下对文章与书籍传播的需求猛增,于是,印章与拓片技术在问世数百年后应世之需而被重新激活,两相结合而经改造,遂成雕版印刷之术。

但唐时的雕版印刷主要应用于民间对佛经道咒之类的印刻,并未涉及学术典籍,对学术文化传播并

战国"牢阳司寇"铜印
印章始于殷商,战国秦汉时期大量出现

无太大影响,所谓"色类绝多"却"终不见经典"。这是因为唐代虽已兴起科举,但历史之变以渐不以骤,有唐一代,世家门第之势力仍绵延残喘,并未彻底消除。平民通过科考跻身仕途之机会有限,故民间对学术文化之需求亦有限。直至大唐王朝覆灭,世家门第彻底灭绝,这才开始了中国历史上一个崭新的阶段。

雕版印刷术之大兴在五代。这一动荡黑暗、军阀横行、近乎道丧学绝的时代,却因世运流转将雕版印刷应用于儒家经典的刻印,从而对宋世文化之繁兴怀有了母孕之恩。

历仕后唐、后晋、后汉、后周四朝10君,为相20余载,人称"官场不倒翁"的冯道,利用自己长期身居高位的条件,主持雕版刊印"九经",世称"五代蓝本",这是官刻儒家经籍之始。

以往,政府依靠雕刻石经的方式为广大学子提供标准教材,著名的如汉熹平石经、唐开成石经等。这种方法费工费时,且不易复制,辗转传抄时很容易产生讹误。而雕版印刻本的"九经"问世后,则既有统一之定本,又无翻印之讹误,对后世学术文化传播所产生的影

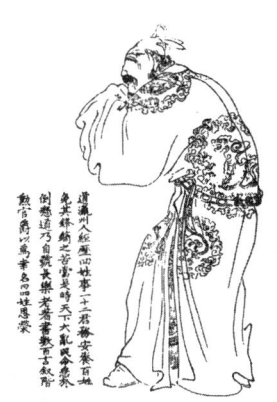

四朝不倒翁冯道
选自清代金古良《无双谱》。冯道(882~954年),自号长乐老,瀛洲景城(今河北沧州西)人。他好学能文,是中国大规模官刻儒家经籍的第一人

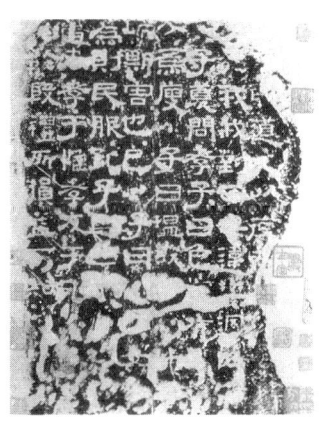

熹平石经
一称"汉石经",因其字体为一字隶书,故又称"一字石经"。这是中国刻于石碑上最早的官定儒家经本。"熹平石经"对统一书籍文字和思想有重要意义

响真是怎样形容也不过分。

五代时雕印之风，各地皆有。宋人陶岳的《五代史补》和王明清的《挥麈录》中分别记载了五代后蜀时中国第一位私人刻书家毋昭裔的故事：

毋昭裔是后蜀的谋臣，也是当时颇负盛名的学者。他年少时家中贫寒，只能借书来读。一次，他向友人求借《文选》《初学记》等书籍时，友人面露难色，委婉拒绝。这件事给少年昭裔留下了极深的印象，他当即立下誓言："日后我学成入仕，稍有能力时，一定将这些书籍全部制版印刻，让天下学子都能有书可读。"

后来，毋昭裔做了后蜀的宰相，果然飞黄腾达。他没有忘记自己

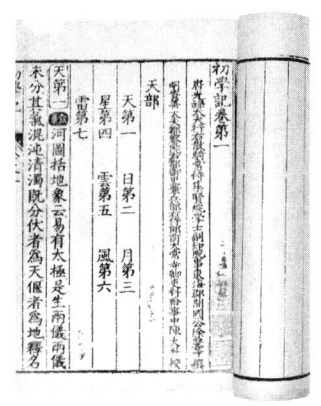

《初学记》
唐玄宗时的官修类书，徐坚撰，取材于群经诸子及历代诗赋，保存了很多古代典籍的零篇单句。此书原为唐玄宗诸子初学作文时检查事类之用，故名《初学记》

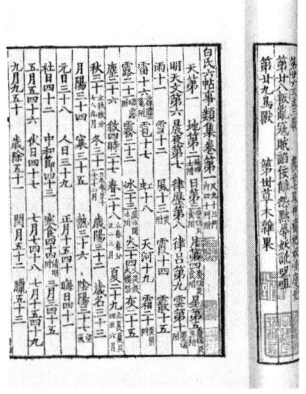

《白氏六帖》
唐代类书，著名诗人白居易编著，原名《经史要览》《事类集要》。传说白居易准备好数千只瓶子，命人取读经典籍中的诗文佳句，投于瓶中，后再分门别类，汇辑成书

贫贱时的誓言，拿出了百万私财营建学馆，令门人将《文选》《初学记》《白氏六帖》等书雕版付印，还建议当时割据四川的蜀主孟昶刊刻"九经"、诸史，以造福百姓。

此外还有著名文学家和凝，曾把自己的著作雕版印刻数百部，分赠友人，并曾印《颜氏家训》。五代时，经、史、子、集各类书籍都得到印刻，并形成了成都、杭州两大印刷基地。正是因为这一时期印刷术从民间与寺院进入了上层知识分子与政府官方机构，才保障了人文血脉在五代乱世中仍得以绵存，不绝如缕。

雕版印刷对文化传播之功虽伟，亦有不少缺点：刻版费工费时，大部头的书甚至需几年时间才能完成制版。且版中如发现错别字，很难更改，往往整块版都需重新雕刻。在这种情况下，北宋仁宗时，有平民毕昇总结前人经验，经反复试验而制成了胶泥活字，用排版印刷代替了雕版印刷。活字排版大大加快了制版速度，有错字也容易更正，且印制完毕后，可以拆版，能重复使用，又易于储存。

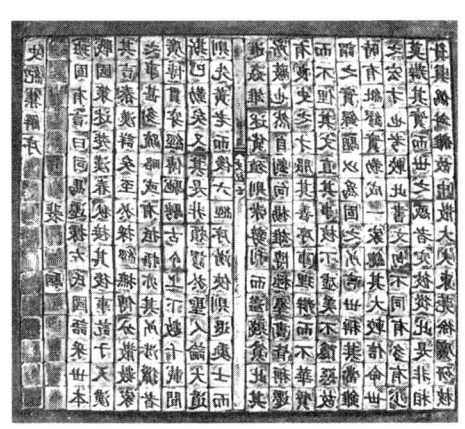

北宋泥活字版

北宋庆历年间（1041～1048年）发明了在胶泥片上刻字，一字一印，用火烧硬后，便成活字。排版前先在罩有铁框的铁板上敷一层掺和纸灰的松脂蜡，活字依次排在上面，加热，待蜡稍熔，以平板压平字面，泥字则固定在铁板上，可像雕版一样印刷。用毕再加热，又可将活字拆下贮存再用。活字可以多次使用，比整版雕刻经济方便，为我国古代四大发明之一

苏轼

苏轼（1037～1101年），北宋著名文学家、书画家，眉州眉山（今四川眉州）人。苏轼多才多艺，在书法、绘画、诗词、散文各方面都有非常高的造诣。与父苏洵、弟苏辙合称"三苏"，唐宋八大家之一

从此，在改良的印刷技术下，书籍印制及传播愈易愈广愈廉，读书再也不能被某一特权阶层垄断，"旧时王谢堂前燕，飞入寻常百姓家"，唐宋以下举国读书向文之风即由科举之政策导向与印刷之技术保障共同推动而成。

活字印刷术后经蒙古人传入欧洲，对文艺复兴及宗教改革等都有极大的推动作用，是人类近代文明不折不扣的先导。

宋代文豪苏轼曾在他的《李氏山房藏书记》一文中写到（大意）：我曾见过年长的老儒先生，回忆自己年少时，想读《史记》《汉书》却遍求不得。后来有幸得到这两部史书，便赶忙用纸笔全部抄下，日夜诵读不辍，唯恐失去了再难得到。而今天，市井之人转相印刻诸子百家各类书籍，一日之间传阅万纸亦非难事。求学者若想寻书而读，则种类之繁多、获取之便易，真是今非昔比……

根据《旧唐书·经籍志》的记载，从上古直至唐代，集部图书总计有892部，12028卷。而《宋史·艺文志》中记载，有宋一代，集部即有2369部，34965卷。300年宋廷之集部图书竟较此前2000年之积累增至两倍尚有余，这与在宋代极盛的印刷术密不可分。

书籍之流布既广，民间之藏书家遂蜂起。如：北宋时江南第一位宰相王钦若，私家书目43000卷；著名史地学家宋敏求，家藏图书30000余卷。史称士大夫中有喜好读书之人，都特意居住到敏求家附

近,以便索书而读,竟使宋家附近的房价都因此而上涨。此外,晁公武家藏书24000余卷,陈振孙藏书50000余卷,周密三世藏书累积有42000余卷,叶梦得藏书逾100000卷……藏书家数量之多,藏书之富,均为前代所无。

明朝的著名学者胡应麟也在自己的代表作《少室山房笔丛》中谈到印刷术为人们带来的极大方便:"上古三代时,文章需竹简刀刻,笨重艰难。秦汉以后,始用纸墨抄录,较前代远为简约轻便。然而自汉至唐,纸张是用卷轴的装帧形式成书,阅读时需展舒纸卷,很是不便。即便检索一处小事,也需铺展开整篇文章以便寻找,不胜烦琐。此外,收集整理也甚为麻烦。而自唐至宋,抄写一变而为印刷,卷轴一变而为书册,印制简便,不易损坏,价格低廉,便于收藏,真是四美兼备啊!"

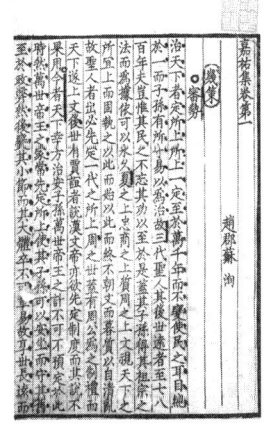

宋蜀刻小字本《嘉祐集》
《嘉祐集》是唐宋八大家之一苏洵的代表作,有很高的文献价值

卷子装《大般若波罗蜜多心经》
卷子装又称卷轴装,是编简、帛书的古老装帧形式。现在中国画的装裱也用这种卷轴形式来保存作品

3. 文人以治国

发端于隋唐的科举制和印刷术在历史际遇中因缘和合于大倡文治的赵宋王朝，各种诱因、助因在时代大潮中交相辉映，迸发出极大光耀，"一灯可除千年幽"，遂使唐末五代以来骄兵悍卒之黑暗世界改天换地为书院遍布、文臣满朝之光明图景。

有鉴于唐末藩镇之积重难返，恐惧于黄袍加身之异地重现，宋王室有一条历世相传的家训：优待文人士大夫，永远让文人压在武人的头上。

宋代科举取士之名额远较唐代为多。唐时进士，每岁录取不过30人，明经等科亦不过百人。而宋代之进士登科者，由太祖时之十数人迅速增至太宗时之700人，以后遂为定制。朝廷科考之名额每增一倍，民间读书之热情便涨十分。

在脑体倒挂愈发严重的今天，回望知识分子最受礼遇的宋朝，不由人不感慨万千。赵宋王朝优待文人士大夫的程度之深广，令人咋舌。

首先，宋朝名目繁多、极其优渥的官俸直让人感觉朝廷是在"巧立名目"、变着法子地"塞钱"给这些助他们贬抑武夫、治理江山的

西园雅集图
南宋画家马远绘,表现的是文人们的聚会休闲活动。在一个晴朗的日子里,苏轼和他的一班文友们在一个叫西园的地方聚会。他们在仆人的服侍下,吟诗作画,饮酒弹琴,过着富足而又浪漫的生活,无拘无束,不拘小节。在宋代文人中间,这种聚会宴饮之风十分盛行,而且宴会规模大,持续时间长,至少是一整天,有时长达数天

宝贝文人:

首先是正俸,月钱三百千;禄粟,月一百石。其后有职钱,有从人衣粮,有冬春服。再后有茶酒厨料、薪蒿灰盐、饲马刍粟、米面羊口。此外,还有职田、有茶汤钱、有添给,等等。

例行的俸银如此优厚,宋朝统治者仍觉不足,还不时地有"额外恩赏":"李符,出任三司使,赐银三千两;宋抟,为国子博士,赐钱三十万……李沆病,赐银五千两;王若钦卒,赐银五千两。"仁宗皇帝赵祯在弥留之际仍不忘留下恩赏大臣之遗命,总价值更是高达百

余万。

受赏者中,也有贤臣会为国家财政担忧而愿舍一己之利。如司马光就曾率同赏之人上言请辞,但朝廷却驳回了他们的请求,照赏不误。真所谓"恩逮于百官,惟恐不足;财取于万民,不留其余"。

恩赏银财之外,另有恩荫赐爵。所谓恩荫,即是"一人得道,鸡犬升天":一个人做了官,子孙近亲也能因这棵大树的荫庇得到一官半职。

恩荫自古有之,但却没有任何一个朝代像宋朝这样,除了子孙至亲,连异姓亲以至于门人宾客全都拉来充数,以示皇恩浩荡。有人尚未娶妻,却已得恩荫其子为官。任学士以上大官满20年者,全家更是有20人可得任京官。真是恩宠之至,无以复加。

宋廷对文人,给钱给官。世人所汲汲而求者,无非富与贵。由此情势而产生之影响厥有二端:其一,民间读书之风日盛日炽,此点毋庸赘言;其二,世人的读书动机却也因此而渐趋功利化。士子苦读,只为一朝登第后那享用不尽的荣华。

此二点影响,前者是宋代书院兴起的助力之一,后者却是书院教育所极力批判的对象。朱熹掌白鹿洞书院时即言:"学于此,宜净涤名利之心,力超名利之关。"

徐梦莘的史学名著《三朝北盟会编》中曾记载:"金人欲索求博

司马光

司马光(1019～1086年),北宋政治家、文学家、著名史学家,原籍陕州夏县(今属山西夏县)涑水乡人,世称涑水先生。他主持编纂了中国历史上第一部编年体通史《资治通鉴》。司马光为人温良谦恭、刚正不阿,历来受人景仰

通经术的太学生，于是大批太学生争先恐后乞愿归金，求生附势者多达百余人。……及至金军帐前，金人有意威胁引诱他们说：'金国不要你们作策论，而要你们各自陈说自己家乡的方略利害。'诸生争相持笔，详陈家乡山川险易，古今攻战据取之情势缘由，媚献于金。又指娟为妻，认妓为妾，争献至军前。后来，金人也觉这班太学生苟贱无能，便退回六十余人。这些人重又欲入太学读书……"

这种世风败坏、人心沦丧的严酷事实，即是宋代士人读书功利化的明证。大部分读书人累于功名，见利忘义。

《三朝北盟会编》
宋代史学名著。三朝，指宋徽宗赵佶、宋钦宗赵桓和宋高宗赵构三朝。该书汇集了三朝有关宋金和战的多方面史料，按年月日加以编排，故称为"北盟会编"

朱熹在《学校贡举私议》一文中说道："所谓太学，只不过是声利之场。而于太学中执掌教事之人，不过是善为科举之文，而以此项技能兜售于场屋罢了。学子中有志于义理者，没有地方可以求学；而趋之若鹜赶来太学的，不过为了应科举、取功名、求富贵而已。师生相视，漠然如同行路之人。师生之间的谈论，丝毫不与德行道义相干。日常的月课季考，只能滋长学生们嗜利苟得、冒昧无耻的心思。这怎么能是国家立学教人的本意啊！"

同一事物，既孕育助长了另一事物之产生，同时也为这新生事物反过头来批判自己埋下了伏笔，这是历史上极常见之事。欲了解宋明书院者，对上述孕育书院产生之文化土壤不可不察。

4. 书院以论道

门第既破,读书生活可为平民百姓所共享。读书所获之前途既诱人,读书所需之书本又易求,世人没有不竞趋读书之道理。读书人既多,则学校书院亦随之而兴。

"书院"之名实源于唐。唐时书院多为皇室所设,特为藏书、校书之所,唐玄宗时期的丽正修书院是中国古代最早以"书院"命名的机构。然而,此"书院"非彼"书院",书院在唐代仅有藏书之功用,直至宋代才演化为宿学鸿儒施教一方、传播学术的理学重镇。

宋代士人起自民间,他们的学术与门第鼎盛时的贵族学术多有不同。起于寒微而终居高位,宋代学者胸怀天下苍生,而非只关注自家门第。"先天下之忧而忧,后天下之乐而乐"的北宋模范宰相范仲淹即是先行者。

而自范仲淹、王安石改革相继失败后,士人认识到欲改革现实,首先须从教育入手。因而宋明学者,对于在野的自由讲学,较之在朝的政治革新,兴味要浓厚得多。

以朱熹为例,自他20岁登第,至70岁去世,前后50年间,绝大部分精力心血都花在了讲学授徒上。据统计，与他有关的"精舍""书院"等学校有27处之多，受教学子不计其数，直至去世前夕他还在教育学生。

挟开拓万古之豪气，凭经济发展之繁荣，宋代的书院与教育、学术相结合，形成了魅力无限的文化人格特征。

北宋一朝，历经9帝167年（960～1127年），所建书院总数在百所左右。其中江西最多，共有书院23所，在全国各省中处于遥遥领先的地位，他省难以望其项背。居第二位者湖南，只有8所书院。

南宋一朝，历经9帝153年（1127～1279年），共有书院400余所。其中数量最多的省份仍然是江西，达147所之多，其次是浙江82所，福建57所，湖南43所，等等。

前文已言，门第尚存之时，平民社会中智识资源之垄断乃在山林寺庙。而自宋代书院大兴之后，读书人别有去处求学论道、安托身心，社会智识别有空间酝酿存储、碰撞激荡，宗教寺庙之影响力与吸引力遂大大减弱。魏晋至隋唐，儒学衰微，佛道二教大盛。至宋，新儒学遥接两汉儒学而继起，书院即是与佛寺道观相抗衡之儒学阵地。

书院往往由私人兴办，政府赐以匾额、学田、书籍，并对山长封官嘉奖，予以各方面的扶持与褒扬，兼具半私半官之性质。

就前所言四大书院举例：

宋初太平兴国二年（977年），宋太宗应江州知州周述之请，赐白鹿洞书院"印本九经"。

太平兴国五年（980年），又赐白鹿洞洞主明起为褒信县主簿官。

至道二年（996年），太宗将登封太乙书院赐名为太室书院，并赐"九经子史"诸书。

咸平四年（1001年），潭州知州扩建岳麓书院。请赐国子监诸经释文、义疏及《史记》《玉篇》《唐韵》等书，真宗诏从之。

大中祥符二年（1009年），宋真宗诏应天府新建书院，令戚舜宾主之，赐院额。

大中祥符八年（1015年），真宗召见岳麓书院山长周式，拜国子监主簿，赐给院额和中秘图书。

景祐二年（1035年），重修太室书院，宋仁宗诏以嵩阳书院为额，赐田一顷。改应天府书院为应天府学，赐田十顷。

除却宋代四大书院，另有一类书院是由地方大宗族所建，自家塾发展而成。它们往往经济力量雄厚，延续性长，影响大，出的人才也很多，这类书院亦为朝廷所奖掖扶持，如豫章胡氏华林书院、浔阳陈氏东佳书院与建昌洪氏雷塘书院，皆声名卓著，彼此鼎峙，并称江东三书院。

华林书院，本为江西南昌奉新县胡氏家族私塾，后由宋初国子监主簿胡仲尧于雍熙元年（984年）扩建为华林书院。此地山川灵秀，颇是一处世外幽境。

奉新华林胡氏为世家大族，其后裔的一支于明代迁居湖南浏阳，胡耀邦即为此系之后。家族私塾由入仕之子弟扩建为书院，教学水平与书院声名皆大有提升。

华林集书万卷，云游者众，成为与岳麓、鹅湖、鹿洞三家书院齐名的江南四大书院之一。

华林书院桃李繁茂，仅胡氏一门在宋代就有55名进士走出，其中官至宰相、位极人臣者亦不乏其人。一个家族书院，竟能蕴含如此巨大的能量，着实震惊了宋代朝堂。

当时，包括晏殊、苏轼、徐铉等人在内的名公巨卿均以朝臣身份而对这所民间私人书院予以题诗赞颂，不吝溢美之辞；甚或亲往讲学，

鹅湖书院
鹅湖书院位于江西铅山县鹅湖山麓。自东晋以来，唐、宋、明等朝都聚集过众多学者，曾是一个著名的文化中心。尤其是南宋时朱熹与陆九渊的鹅湖之会，成为中国儒学史上一件影响深远的盛事

备加关怀提携。

雍熙二年（985年），宋太宗赵光义更是亲赐奉新胡氏为义门，诏令旌表其族，华林书院因而名噪江南，声闻天下。淳化五年（994年），太宗又"颁御书"与奉新胡氏私第，且有朝廷宰相、司空以下高官30余人为华林书院题诗寄赠。

此外，江南又一著名书院——东佳书院亦为由家塾发展而来，后经朝廷旌奖者。

东佳书院原为江西江州浔阳县陈氏之家族私塾。陈氏始祖陈旺乃于唐开元年间因官徙于江州，后家族日益兴盛。现全世界8000余万陈姓人口中有98%都是江州义门陈氏的后裔，全国亦有不少陈氏门楣悬有"义门世家"的匾额，以至于有"天下陈氏出义门"之说。

江州陈氏非常重视子弟的教育，早在唐代，就创办了东佳书堂。"江南名士皆肄业于其家。"发展至宋，遂成为江南屈指可数的著名书院，其所藏书、帖均号称天下第一。

东佳书院所培养的人才丝毫不输于华林书院。以北宋庆历四年（1044年）计，当年东佳书院应科考而登第者有430余人，在朝为官者18人，而于全国各地任刺史、司马、参军、县令者有29人。北宋著名文学家夏竦即是东佳书堂毕业生。

一时间，东佳书院蜚声四方，朝臣墨客亦多吟诗称颂者。至道元年（995年），宋太宗赐御书与江州义门陈氏，东佳书院与有荣焉。

江西建昌雷塘书院，又名雷湖书院，由本地人士洪文抚创办。史称："文抚六世义居……就所居雷湖创书舍，招徕学者。"义居，是指旧时孝义之家世代同居，并不分门异爨。六世义居，可以想见其族属之庞大与其家风之谨严。

北宋至道三年（997年），建昌地方官员将洪氏累世义居及创办雷塘书院的事迹上报朝廷，宋太宗特派内侍赐书百轴，以示鼓励。又御笔亲书"义居人"一轴赐给洪氏家族，任命洪文举为江州助教。不久，宋太宗第三次下诏，旌表洪氏门闾，并授以官资，免除洪氏徭役。自此以后，洪文抚每年都遣弟子入京进贡，宋太宗必赐答文。

此外，石鼓书院曾获太宗与仁宗两度御赐匾额并学田，茅山书院在创建当年即获朝廷赐予之学田……据统计，在宋初60余年间，共有19个年份共20余次，宋廷对全国各地之书院进行赏赐褒奖。"书院之称闻于天下。"

小知识◎四大书院之岳麓书院

南宋著名学者吕祖谦提出了"四大书院"的说法，分别是：江西白鹿洞书院、湖南岳麓书院、河南睢阳书院和河南嵩阳书院。

岳麓书院位于湖南省长沙市，在南岳衡山七十二峰最末一峰的岳麓山脚下。北宋初，潭州太守朱洞喜爱岳麓山抱黄洞下的清幽景色，遂在原有僧人办学的基础上创建了岳麓书院。宋真宗曾召见书院首任山长周式，并赐书"岳麓书院"匾额。

南宋时，理学大师张栻主持期间是岳麓书院的全盛时期，有"潇湘洙泗"之美名，与孔子讲学之地并称，成为湖湘学派的发源地。朱熹亦曾到访，与张栻论学，举行了历史上有名的"朱张会讲"。

"惟楚有材，于斯为盛"，人才辈出的岳麓书院在明清至民国时尤为引人注目，王夫之、魏源、曾国藩、左宗棠、杨昌济等一批深刻影响中国历史进程的人物均从这里走出。今天的岳麓书院仍然弦歌未绝，隶属于湖南大学，面向全球招生，是唯一一所仍在进行系统高等教育的书院。

◎四大书院之睢阳书院

睢阳书院，又称应天府书院，位于河南省商丘市。因商丘在唐代称为睢阳，北宋时升为应天府，故名。宋初书院大都依山林而建，唯独睢阳书院坐落在闹市之中。

其历史可追溯至五代时的后晋，商丘本地人士杨悫热心文教，欲聚徒讲学，得到了当地最高军政长官赵直将军的支持，遂开办私人学堂。杨悫去世后，学生戚同文继承师业，继续办学。

北宋初年，开科取士，睢阳学舍之生徒百余名，登第者竟多达五六十人。一时间，"远近学者皆归之"。后经应天知府、婉约词派宗师晏殊等人加以扩建，且有"先天下之忧而忧，后天下之乐而乐"的北宋模范宰相范仲淹先求学后执教于此，更是盛极一时。

◎四大书院之嵩阳书院

嵩阳书院，位于河南省登封市北嵩山南麓，因坐落在嵩山之阳而得名。始建于北魏，原为嵩阳寺，隋唐至五代依次递嬗为嵩阳观、太乙书院，宋仁宗时始定名为嵩阳书院。

北宋时程颢、程颐二先生曾在此讲学多年，嵩阳书院遂名声大振，成为宋代理学的发源地之一。此外，范仲淹、司马光、杨时、朱熹等名儒亦曾先后在此讲学。司马光的巨著《资治通鉴》第9卷至第21卷就是在嵩阳书院崇福宫完成的。

5. "白鹿先生"的隐读佳地

白鹿洞书院肇始于唐代著名诗人李渤携兄隐读庐山之际，史称"渤养白鹿自娱，人称白鹿先生"。

唐代士人的隐读之风很盛，许多著名诗人在入仕之前都有过或隐居山林、或寄宿寺观以读书的经历。

陈子昂曾读书于四川遂宁金华山的玉京观；少年李白曾于蜀中江油大匡山隐读十载；颜真卿曾寄读长安福山寺；刘长卿、孟郊皆少隐嵩山而读；除李渤之外，杜牧、温庭筠、杜荀鹤等大诗人皆曾读书于庐山。

唐代时佛教大盛，寺庙经济极其发达，可为出身贫寒而欲读书应举之士子提供免费食宿与丰富藏书，于是便形成了唐代士子纷纷"出身"于山林寺观的独特文化景观。

在这样的时代背景下，宋初书院的起源亦与山林寺观密不可分。如白鹿洞书院乃因唐代李渤隐读庐山而始，石鼓书院源自唐时衡州名士李宽于石鼓山寻真观旁结庐读书，岳麓书院是宋初潭州太守朱洞在岳麓山原有僧人办学之基础上创建而成，嵩阳书院则根本就是由北魏始建之嵩阳寺经隋唐之嵩阳观而逐步演化为书院……

二 鹿因时鸣 | 35

同样的山川美景，宗教兴盛时"天下名山佛占尽"；而世运转换，旧的蛹体中便孕育出新的时代精神。

李渤（772～831年），字浚之，河南洛阳人，与其兄李涉都是唐代著名文学家，主要生活在宪宗、穆宗与敬宗三朝。

李渤祖上乃是北魏大将，至父李钧时，因制母丧不合礼法而被流放。李渤以此为耻，不肯科考入仕，只愿"励志于文学"，与二哥李涉一道归隐庐山，"以读书业文为事"，时在唐德宗贞元年间（785～804年）。

李渤在庐山隐居读书期间，驯养了一只白鹿。她通体纯白，鹿角高耸，美丽而温顺，与李渤形影不离。

日日在山间伴李渤读书，这只白鹿好似也汲取到了山水灵气与书中精义，从而极通人性。每当李渤要购买物什，只需写一张纸条，与银两一起放入一只竹筐，挂在鹿角上，白鹿就会自己跋涉二十余里地，到南康府（即今天星子县城），为李渤买墨沽酒，投书递简，从来不出半点差错。

当地村民亲切地将这只通灵白鹿尊称为"神鹿"，将李渤称为"白鹿先生"或"白鹿山人"。李渤读书的山间洼地被称为"白鹿洞"，附近的村庄则为"鹿鸣村"，白鹿常去购物的地方为"鹿鸣镇"，甚至连当地人所食用之米都被称为"白鹿丸"。

后来，李渤兄弟二人由庐山徙至河南少室山，再后又出山为官数载。直至穆宗长庆年间（821～824年），李渤因为人刚直、奋发敢言而被贬为江州刺史，重又回到故地白鹿洞。李渤于此筑台建阁，引泉植木，将之修葺一新，遂成为一处游览胜地。

今天的白鹿洞书院管理委员会专门引进了一对地中海白鹿，饲养于书院"白鹿洞—思贤台"以西的"鹿苑"中，以重现当年"人鹿与游，物我相忘"的人文景观。

鹿苑中,两只白鹿奔跑嬉戏,游人以莴笋食之,生动的景象为今日之书院平添几分生气与趣味。

小知识◎"一寸光阴一寸金"——王贞白

王贞白是唐末颇负盛名的大诗人。他20岁弱冠之年即考取了进士,但时人对此次考试却议论纷纷,认为有"猫腻"之嫌,昭宗不得不推翻放榜结果而重开殿试。贞白于殿试中再次高中,"呼吸间两获科甲",遂名扬四海。然而,贞白生逢唐末衰世,仕途并不顺利,不到35岁即弃官归隐。

贞白本是江西人,对庐山与鄱阳湖情有独钟,常在山间湖畔流连忘返,亦曾于山水间的白鹿洞书院隐读默思。这期间,他曾写下一首传唱千古的《白鹿洞》七绝诗:

读书不觉已春深,
一寸光阴一寸金。
不是道人来引笑,
周情孔思正追寻。

后人多以"一寸光阴一寸金"之句首出于元代同恕的《送陈嘉会》诗:"尽欢菽水晨昏事,一寸光阴一寸金。"以至于《辞海》《辞源》等多部辞书也采用了此种说法。其实,这句妇孺皆知的劝世名句实出于唐末诗人王贞白之手,创作地点即是在千年前暮春时节的白鹿洞书院。

6. 偏安小朝廷的庐山国学

白鹿故地始于中唐李渤之隐读,而其真正成为一所学校,有组织地展开教学活动乃始自五代南唐之官学。

五代时,白鹿洞先由十国中杨吴政权之江州得阳县管辖;后南唐李氏灭吴,白鹿洞又改隶南唐政府之江州奉化军德化县管辖。

五代时期,中原离乱,经济文化遭到极大破坏。相较于魏晋南北朝战乱之中尚有世家大族南渡以存留中原之衣冠文物,五代时则文化随门第一并没落,只留下中唐藩镇割据以来愈演愈烈之骄兵悍将的世界,士人中至有不知孔子为何人者。

就在这不堪言状的黑暗与堕落中,南方的杨吴、南唐、吴越却因偏安江南一隅,少蒙战乱之苦,而在当时的凄风苦雨中隔离出了一小块绿洲温室,成为了华夏经济文化的重心所在。

其中南唐更是尤为突出。先主李昪得国后,以"息兵安民"为基本国策,休兵罢战,敦睦邻国,使南唐"比年丰稔,兵食有余",饱经战乱的江北士人多流落至此。史载:"北土士人闻风至者无虚日""儒衣书服盛于南唐"。南唐人亦言:"我朝最为天下无事,这都是好儒兴教所致啊。"

写出"问君能有几多愁,恰似一江春水向东流"的后主李煜出现在南唐绝非偶然。南唐的经济文化之盛,在五代十国乃至中国历史上所有的割据政权中都是绝无仅有的。

江西是南唐与中原抗衡的后方,南昌曾是南唐之南都,而庐山更是李氏君王当年发迹之地。因此,在南唐三代文学君主的极力倡导和关注下,庐山国学被建成了五代时期一所极负盛名的大学和江南重要的文化学术中心。

南唐升元四年(940年),李氏朝廷在白鹿洞故址上建起了一所官办学校——庐山国学,亦称白鹿国庠、庐山书堂、庐山国子监等,与当时南唐首都金陵秦淮河畔所建之国子监并行。朝廷特派国子监九经李善道任洞主,主持行政和教学工作。从此,白鹿洞开始了一个崭新的时期。

庐山国学之生徒,平时有百人左右,鼎盛时可达数百人,其中不乏知名人士。

南唐陶男舞俑
南唐二陵出土。南唐二陵是五代南唐先主、中主两代帝王的陵墓,位于江苏南京南郊祖堂山南麓。陵中出土大量陶俑及各种陶制神怪、动物形象。陶俑形象有宫廷内侍、宫官、侍卫、伶人、舞姬等

精于《春秋》三传的南唐状元刘式早年即就读于庐山国学。此人入宋后深得太宗器重,曾创"三年磨勘"法,议设收支司,备受推崇。

《春秋左传》(简称《左传》)、《春秋公羊传》(简称《公羊传》)与《春秋穀梁传》(简称《穀梁传》)均为注释《春秋》经文的书,合称"春秋三传"。《左传》相传为春秋末鲁国人左丘明所作。至于《公羊传》《穀梁传》二传,则是口传要义,几代后始写成文字。《公羊传》

是齐国人公羊高受传于子夏，子孙口耳相传，至汉景帝时，由高的玄孙公羊寿与齐人胡毋生合写成书。《穀梁传》至何时何人而形诸文字，史载不详，只知始传承者是鲁国的穀梁赤。

更重要的是刘式善于教子，子孙频出大家，被奉为古代家庭教育的典范。刘式有五子，皆有文名，相继登第。孙刘敞是北宋著名经学家，继承家学，精研《春秋》。孙刘攽则是北宋著名史学家，曾协助司马光修纂《资治通鉴》，专职汉史。

刘攽、刘敞与敞之子刘世奉尝合著《汉书标注》，世称三人为"墨庄三刘"。此处之"墨庄"颇有来历：在朝掌管财务十余年的刘式卒后，家中除藏书千卷外别无财产。其妻陈氏指藏书对子女说："此是你父所谓'墨庄'者也。"意即将书卷作为家产教子女传承。陈氏后被朝廷封为"墨庄夫人"，"墨庄刘氏"遂扬名天下。

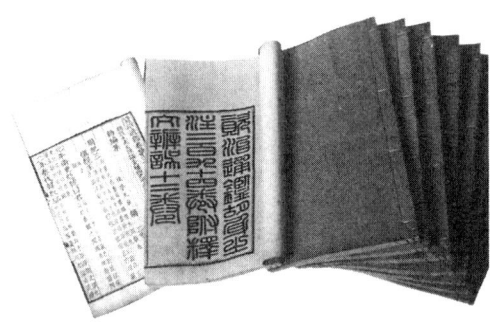

《资治通鉴》
《资治通鉴》是中国第一部编年体通史，记载战国至五代1362年间的历史。它的严谨、客观、关注面之大、脉络之贯通都是中国史学著作中少有的，除了《史记》以外没有别的史书可以与它相较，是了解五代以前历史的必读书

刘式五世孙刘清之（字子澄）为南宋时著名理学家，《宋史》有传。其著作细目中赫然有一部《墨庄总录》，透露出这个家族的精神传承。

"跛子先生"朱弼以国子助教之身份知庐山国学，是众人服膺的一位师长。因其短一足，故时人称之为"跛子先生"。朱弼为人刚直，正气凛然，深得众人尊敬。

当时的庐山国学中有所谓"庐山三友"：卢绛、蒯鳌与诸葛涛三人饮酒博戏，不服管教，众人皆以为苦，而国学上下无敢问者。"跛子先生"到来后，一切以礼法规章行事，升堂讲说，座下肃然。

据马令《南唐书》记载，朱弼每次"升堂讲说时，诸生环立四旁，各就己之疑难发问。一时间，问辩之声八面蜂起。而朱弼旁征博引，应声而答，莫不头头是道，宛若回答自己所出的题目一般。诸生以是皆心悦诚服，愿听管教"。卢绛等人亦愧服而去。此后，四方之学子争相来此受学，庐山国学之生徒数倍往常。

入宋后，朱弼补衡山主簿之职。他奉官清廉，又不媚上压下，以至于官俸不敷家用，妻子儿女衣衫不继，虚腹度日，他亦不为所动。衡山主簿任满后，改为南岳令，卒于任所。朱弼死时，家徒四壁，连入葬时的棺椁资费都仰赖故旧亲友之接济。时人皆以其为君子清廉之典范。

陈贶是庐山国学中又一位淡泊淳质之师长。这位福建籍的先生隐居庐山将近40年，几隔绝人世。家中积书至数千卷，常苦思写诗。时常是刚写出两句还未成篇章，便已传播远近。附近学者多师事之。

南唐元宗闻其大名，厚加赏赐召他入朝相见。陈贶入见，衣着得体，进止闲雅有度。时方严寒，元宗见他衣着单薄，降旨曰："朕欲赐卿绫罗锦衣，料想卿必不接受。今日就将朕平常自己穿过的缣衣几件赐与卿，望卿收受，不要推脱。"陈贶叩恩领之。元宗又要赐官与贶，觊固辞不受，元宗便赐他粟帛等遣之还山。

陈觊50岁时方才娶妻。当他被元宗征见入朝时，有人问他："将妻子安置在哪里？"陈觊说："暂时安放在师叔禅院。"那人又说道："妇人年少，怎可不防闲？"陈觊回答："已经给门上加了一把锁。"稍稍停顿，又说道："钥匙也已经给她了。"陈觊之淳质如此。

好饮酒的毛炳先生则是庐山国学中的一位"另类"教师。毛炳乃是洪州丰城人，嗜学精进，但家贫无以为继，便随同乡共入庐山，授课以换取酬劳。

毛炳好酒，每得钱即沽酒畅饮。人们将他与另一位好茶的先生彭会并嘲为："彭生说赋茶三斤，毛氏传经酒半斤。"毛炳听闻，一笑了之。

曾有一次，毛炳于酒家豪饮而醉，误当火炉为座椅，坐下去也浑然不觉。第二天发现臀部的烧伤，还怀疑是被人笞挞所致，向别人询问才得知原因。还有一次，毛炳醉卧道旁，有里正张谷路过，好心扶他起来，他却怒言："毛炳不相干于张谷，张谷不学于毛炳。喝醉的人自醉，清醒的人自醒，快去！不要打扰我睡觉！"

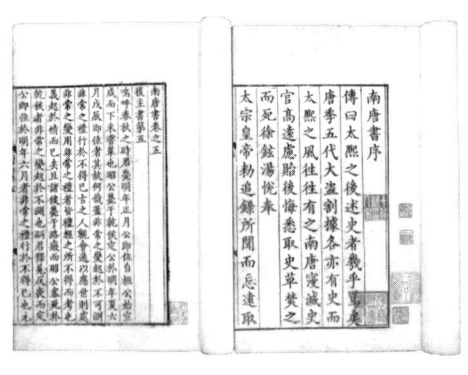

《南唐书》

记载五代时期南唐国历史的纪传体史书。有三部：宋胡恢撰，已佚；宋马令撰；宋陆游撰。马、陆二书都记载了南唐国自李代吴至李煜降宋间的兴衰史

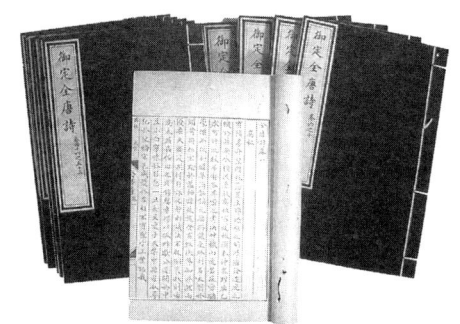

清康熙刻本《全唐诗》
《全唐诗》是清代初年官修的唐代诗歌总集,900卷,由曹雪芹的父亲曹寅主持编纂,共收录唐代诗人2529人的诗作42863首

  毛炳在庐山国学讲学数年,离开前在屋壁上自书一联:"先生不住此,千载惟空山。"写毕又大饮而烂醉,终卒于酒乡美梦之中。

  庐山国学的教授内容既有儒经诸子,也有史籍诗文,传统学术中经、史、子、集各部皆赅备无遗,而其中尤以诗文为重。据史料记载,庐山国学诸生中,长于军政者有之,"精于经史、能为文章"者亦有之,而以工诗享盛名于四方者更多有之。《全唐诗》中保留下来的庐山国学师生之诗篇即为数不少。白鹿国庠尤重诗文乃与李唐王朝以诗赋取士而唐诗大盛、沿袭至五代而遗风仍存的时代风潮密不可分。

  南唐后主李煜,虽乏理政治军之术,却以世不二出的大词人之心胸而对文教事业颇为关心。他曾下令割善田数十顷,以充庐山国学之学田,取田租以支持各项办学经费。庐山国学的学田是我国最早的置田养校之实践。除学田外,李煜仍继续选派秦淮河畔国子监中精通儒术者主理洞事,对庐山国学的发展与有功焉。

  北宋开宝九年(976年),宋军攻占江州,南唐偏安小朝廷的庐山国学走完了它虽短暂却绚烂的一段传奇历程,在36岁壮年之际戛然而止,被后起于宋的白鹿洞书院所取代。

三 鹿因人盛
——朱子与白鹿洞书院始末

走过盛唐之余绪,穿越五代之阴霾,江山几经易主,鹿洞安详如初。宋兴,白鹿洞书院隶属于江南东路江州德化县星子镇。江州地方人士在南唐庐山国学旧址上自发建起一所学馆,称为白鹿书堂或书院。历代院志上均记载白鹿洞"宋初置书院"。

太平兴国二年(977年)三月,江州知州周述上书宋太宗:"庐山白鹿洞有学徒数十百人,恳请朝廷恩赐九经以供诸生诵习。"宋太宗赵光义准诏,御赐国子监刻印之"九经"(即前文所言冯道主持刻印之版本)等书与书院,派专员"驿送至洞",以便师生览阅,并赐院额,鹿洞由此名扬四方。

然而,此次鹿洞尚未及全面振兴,便又于仁宗皇祐末年(1053年)毁于兵火之灾。北宋时的白鹿洞书院,办学时间前后相加也仅有9个年头,生徒只得数十百人,规模不大,师长声望不高,社会影响不彰。

1. 乞修报告招讥讽

白鹿洞真正建成闻名遐迩的书院是在南宋，源于大儒朱熹在南康军事任上对鹿洞的重建。有斯人也，遂有斯事。洞因人显，在人不在洞。

南宋大儒朱熹是继孔子身后千余年堪比仲尼的一代宗师，集理学之大成而独树一帜。宋孝宗淳熙五年（1178年）八月，时年48岁的朱熹得到宰相史浩之举荐，差知南康（今江西九江市星子县）军。

早在宋初太平兴国年间，白鹿洞书院所在的德化县星子镇就已升为星子县（978年），并划归新建置的南康军管辖（982年），恰在朱子此次被举荐为官之地。

然而，志趣不在为官的朱熹屡次请辞，称自己"病卧林野""多病早衰"，早已"罕接人事"，乃至于"民情吏职，懵不知晓"。朱

朱熹
朱熹（1130～1200年），字元晦，号晦翁、晦庵，南宋著名理学家，世称朱子，是孔子、孟子以来最杰出的弘扬儒学的大师

熹一生宦海沉浮50载，共曾17次上书请辞，此次便为其中之一。然而朝廷令他"奉旨不许辞免"，朱熹只得于当年十月前往赴任，并于次年（淳熙六年，即1179年）三月三十日，以秘书郎权知南康军州事的身份正式到任。

此次任官，距离他弱冠登第后初掌泉州同安县主簿（1153～1156年）时，已相隔20余年。在此次到任的前4年，也即淳熙二年（1175年），朱熹在信州（今江西上饶）与心学派首领陆九渊进行了一场有名的学术论辩，是为鹅湖之会。

朱熹虽极不愿为官，但当他屡辞不获而终当其位时，却仍然以十二分的心力投入到了南康军以及其下星子、都昌、建昌三县方方面面的政务中去。"君子素其位而行"，既在其位，须谋其政。

下车伊始，朱熹便广为探究陶渊明、刘凝之、义门陈氏及白鹿洞学馆等本地历史遗迹，"凭借考核所得之信息，而对各处有所措置"。四月十七日，也即上任半个月后，朱熹命人张贴出《知南康榜文》，将他欲在南康实行的新政措置，张榜一一向民众公布，而其中最重要的统领之目便是"宣明教化"。

朱熹此时虽已知晓历史上享名的白鹿洞即在自己此次为官的管辖范围内，但一时无法探得它的旧址。《知南康榜文》中便说："白鹿洞学馆自南唐而起，到本朝初期犹有复建，后来才因战火而废弃。不知这处旧址现在还有没有屋宇？"然后便呼吁广大民众帮助寻找鹿洞遗址。

然而，这张榜文悬挂于一军三县逾半年时间，却无一人前来军衙熹述书院究在何处，甚至连留任的官员都对此茫然不知。这方由唐至宋隐读兴学之地，仅经百十余年便被人们彻底遗忘。人文传承，确需代代接续，稍有断裂，转瞬便会湮没无痕。

找不到鹿洞旧址，朱熹只得将重建书院之事暂且搁置而别兴他务，其中一项便是按照榜文中"陂塘之利，农村之本，尤当协力兴修"的施政措施号召三县民众兴修水利。这年十月十五日，正当"水官解厄"的下元节，朱熹仍像往常一样沿庐山东麓行视乡间陂塘工程的进展情况，忽然行至一处"清冷寒涧水，窈窕青山阿"的世外幽境，朱熹恍惚间若有所感，不由自主地欲寻路前行。一位樵夫适时出现，遥指远方。于是，如同梦境般，朱熹终于在李家山找到了鹿洞废址。

环视四周，朱熹不禁为李渤超人的眼光所折服：卓尔与左翼二山合抱，将一块平地围在中间，恰似一个硕大的圆盆，仰天而置。一条清澈见底的贯道溪穿流而过，正如李渤在其所著《真系》一书中所描绘的那样："溪由洞底而过，若阴阳鱼中线，地生灵气焉。"

南唐文治朝廷与南宋大儒朱熹在此处电光石火般完成了穿越时空的人文精神对接，鹿洞从此学脉有续。这便是庄子所谓"薪尽火传"。

朱熹百感交集，回衙后立即将发现鹿洞旧址之事通报南康全军，还作了一首《寻白鹿洞故址爱其幽邃议复兴建感叹有作》的长诗，并对同僚慷慨陈辞：

"南渡至今五十余年，曾毁于戎寇战火中的佛寺道观，全都修缮如初，那修缮时叮叮当当的斧凿锯锉声都清晰可闻。只有这处儒家旧馆却依然废弃于荆莽之中，过路人都忍不住纷纷叹息。这难道不是我们这些人的耻辱吗？南康军虽然贫薄，但难道都不能在书院旧址复建几栋房屋，上以响应本朝崇尚文治之精神，下以绍继先贤励志为学之风骨吗？"

鹿洞归来颇受触动的朱熹一面派军学教授杨大法、星子县令王仲杰等人筹划复建事宜，一面开始屡次上书，给南康军郡、尚书礼部，甚至给尚书本人都递交了"乞修白鹿洞书院"的报告，请求朝廷予以支持。报告中的言辞极为恳切：

"（鹿洞）没有市井喧嚣，唯有泉石胜貌，真是群居讲学的好地方、隐居著书的好处所啊！

"此处既是前朝名贤古迹，又蒙本朝太宗皇帝为教养一方学子而御赐经书，德意美厚，但却废毁多年不见复兴，大道衰微令人心生悼惧啊！

"熹虽不肖，但若蒙朝廷恩准，得以充任洞主之职，亦能带领三两学生读书论学于其中……

"复建白鹿洞书院不过欲立小屋三五间，只是为发扬古圣先贤的读书精神，使其不至荒废湮没而已，绝对不敢妄自破费官家财力物力。"

朱熹反复陈情，再三申述，可见其心之诚挚迫切。然而，特立独行之人超拔功利的苦心往往只能激起世人的不解与嘲讽。朱熹此举就引发"朝野喧传，相与讥笑，以为怪事"，一代儒宗乞修书院的请求沦为这个文治政府中一班文人士大夫的笑柄。

钱穆先生1949年在香港创办新亚书院时，亦是步履维艰。新亚的学历起初不为香港政府所承认，港府甚至不允许新亚挂出"大学部"的招牌。马 浮先生在抗战中创办复性书院，梁漱溟先生等人领导乡村建设运动，又何尝是一番坦途？

可见兴办教育之难，不独今日。百年前的民国，千年前的宋朝，即便是名可惊座的大师鸿儒，亦复如是。世事之艰难坎坷当于此等处看，伟人之坚忍卓绝亦当于此等处看。

小知识◎摩崖题刻美

　　摩崖石刻，也称摩崖题刻，是指人们在天然石壁上所摩刻的字迹等内容。全国各地多处均有，如泰山摩崖石刻、华山摩崖石刻等。而白鹿洞书院的摩崖石刻有一特别之处，即贯道溪中有别处难以见到的水底石刻。

　　溪底石刻，连同溪两岸的摩崖石刻一道，是书院中最令人赏心悦目的风景。流水奇石，交相辉映；篆隶真草，字字珠玑。当你徜徉其中，品味那不坏的金石之质与不朽的警句佳言，千载之下，依然倍感振奋。

　　贯道溪内及两岸现存题刻50余处。其中宋代9处，明代14处，清代9处，时代不明18处，此外还有少数字迹模糊难以辨认的题刻。现略择一二，以飨读者。

◎枕流、漱石

　　"枕流"二字，在枕流桥下溪石上；"漱石"二字，在鹿眠场溪石上。朱熹书，楷书。

　　"枕流""漱石"之典故出自《世说新语·排调》。晋代孙子荆欲隐居山林，便对王武子说自己要"枕石漱流"，意思是以山石枕头、以清泉漱口，即归隐山间之意，但却不小心误说成了"漱石枕流"。王武子回答说："流水可以枕头，石头可以漱口吗？"孙子荆知道自己说错了，但却顺势应变答道："以流水为枕是要洗那耳朵，以石头漱口是要磨那牙齿。"

古时尧欲召许由为九州之长,许由"恶闻其声,是故洗耳",因此孙子荆回答枕流为洗耳正切合自己归隐的初衷。朱熹刻"枕流"二字恐怕也有不愿为官之意,听见征召为官的声音都要以水洗耳,而只愿山居讲学"磨那牙齿"。敷阳野人有联云:"洗耳枕流荡涤尘世污垢,厉牙漱石咀嚼儒家经书。"

2. 诋程浪潮中的惨淡经营

朱熹频上乞修报告之时,正当朝中攻毁程朱如火如荼之际。

诋程之声浪,由来已久。北宋徽宗崇宁年间,二程之学即被禁长达25年之久。南宋初稍有好转,高宗曾下诏褒奖程颐等4人。但好景不长,绍兴年间,左司谏陈公辅上疏,言"伊川之学,大坏天下";右正言何若上疏"黜伊川之学",此后二程之学又被禁达十余年。秦桧死后,士人攻程才稍有平息。

然至淳熙五年(1178年),即朱熹被宰相举荐为南康知军的那一年,御史谢廓然、秘书郎赵彦中二人继前辈而起,又发动了新一轮的攻程浪潮。赵彦中诋毁洛学为"饰怪惊愚,外假诚敬之名,内济虚伪之实",谢廓然则上疏主张"毋以程颐、王安石之

程颢
廓然而大公,物来而顺应(程颢《定性书》)

说取士"。孝宗朝时，由于朱熹的学说流布已广，影响已大，因而此时攻讦洛学的矛头便直接指向了朱熹。

朱熹离开南康（1181年）后不久，即发生了两次专门针对他的禁道学事件，分别在淳熙十年（1183年）和淳熙十五年（1188年）。此后事态急剧恶化，道学被宣布为"伪学"，"伪学"又升级为"逆党"，朱熹则为"逆党"之首。朝中韩侂胄一党甚至罗织出了朱熹的六大罪状和四大丑行而叫嚣"请斩朱熹"。朱熹门下弟子或托辞归去，或改投他师，过门而不入。直至朱熹去世后，党禁始弛。

朱熹在南康军事任上复兴白鹿洞书院时恰好处于山雨欲来风满楼的飘摇欲坠之际，朝廷又怎会对他复建书院的请求予以支持？

纷至沓来的讥讽、中伤似乎早在朱熹的意料之中，他不为所动。朝廷支持固可使复建工作省力不少，但离开朝廷援手却非寸步难行。有梦想就有方向，有心人自有思量。

复建工作如期进行，未敢稍有耽搁。那时的南康军、星子县正逢旱灾，财政相当困难，但这位视文教事业为政务之本的亲民官仍然率领众人挤挤牙缝、勒勒腰带，再穷不能穷教育。朱熹亦去信与老友吕祖谦，请吕为白鹿洞书院作记。朱、吕二人为鹿洞复建一事书信往还，共同推敲记文措辞，最终定稿，名为《白鹿洞书院记》，并请人刻石立碑。

开学

淳熙七年（1180年）三月，荒寂了百余年的鹿洞旧址上平地拔起屋宇20余楹，聚得四方生徒十有余人，于三月十八日正式开学，重又回响起琅琅读书声了！从淳熙六年十月十五日朱熹寻得鹿洞旧址，至淳熙七年三月十八日正式释菜开讲，前后共计5个月零3天。

三月十八日开学典礼上,军县官吏、书院师生全部到场,祭拜先师先圣已毕,朱熹亲自登堂,宣讲了《中庸章句首章或问》。讲罢,又情不自禁地赋七律一首《次卜掌书落成白鹿洞佳句》:

重营旧馆喜初成,要共群贤听鹿鸣。
三爵何妨奠萍藻,一编讵敢议诚明。
深源定自闲中得,妙用原从乐处生。
莫问无穷庵外事,此心聊与此山盟。

陋室铭图
清末著名画家吴友如绘。《陋室铭》是唐代文学家刘禹锡的名篇,内有"孔子云:'何陋之有?'"之语,流露出作者安贫乐道的隐逸情怀

朱子的喜悦之情溢于言表。朝野非议、财政不济，可谓困难重重，然而，这匡庐上下唯一的"儒者旧馆"还是迎难排阻、破土重生了！虽然简陋，但既为君子讲学论道之所，又何陋之有？

聘师招生

新落成的学校首需聘师招生。朱熹曾礼聘江西新建丁铁担任书院掌教，安徽合肥吴某担任书院职事，惜均无果。由此亦可见成事之难。朱熹当机立断，毅然从幕后走至台前，自任洞主，亲临执教。同时亦有好友刘清之，学生林择之、黄榦、王阮等人一道，与朱熹共同组成了白鹿洞书院阵容豪华的明星级教师队伍。

刘清之，字子澄，江西临江人。早年曾留心于诗赋文章，欲应博学宏词科，及见朱熹后，恍悟义理之学，将自己过往所习之文尽焚之。

林择之，字用中，福建人，从游朱熹最久。

黄榦，字直卿，号勉斋，福州闽县人，是朱熹的高足、女婿，也是朱熹道统的继承人。

王阮，字南卿，江州德安（今江西九江德安县）人。其曾祖、祖父与父亲三代皆为北宋名将，王阮本人也是南宋主战派学者。其为人慷慨激昂，史称"辞辩奋发，四坐莫能屈"。王阮早年经张栻指点，去武夷面见朱子于考亭。朱熹与王阮交谈后，惊喜异常，

先儒黄榦
选自《圣庙祀典图考》。明代万历年间，黄榦与李宽、韩愈、李士真、周敦颐、朱熹、张栻同祀石鼓书院七贤祠，世称"石鼓七贤"

遂收为门下弟子。

欲成事者，先需得人。有如此一班将自家身心性命皆安托于师门的学徒弟子兼同道友人，这是朱子在复兴鹿洞时，表面种种困阻下所掩埋的终极制胜因素。

至于生徒，早在朱熹刚到任时所发布的《知南康榜文》中，即有"父老乡亲们请各自推荐子弟中有志于学的青年才俊，前来入学修习"之内容。至白鹿洞书院复建完成后，朱熹又亲自发榜招生，共得学徒"一二十人"。

现有姓名可考者：

曹彦约，淳熙间与兄彦纯同师事朱子于白鹿洞。后14年，朱子在潭州复建岳麓书院时，彦约二度前往受教。后官至兵部尚书、文华阁学士。

胡泳，号桐源先生，从晦庵读书鹿洞，后嘉定年间任书院堂长，并设讲会于庐阜，接续其师之业。著作有《四书衍说》等。

周模、余宋杰、李辉、刘贲等4人，俱为建昌人（今江西永修），同学于鹿洞朱子门下，并有时名，不求仕进。

吕炎，字德明，建昌人。与兄吕熠、弟吕炳、吕焘、吕焕，兄弟5人同游于朱子之门，学成后隐居不仕，以道德学问名重于时。

彭方，字季正，都昌人，与父一道受业鹿洞，后官至龙图阁学士吏部尚书，著有《疆斋集》等。

冯椅，字奇之，号厚斋，都昌人。朱子复兴鹿洞时，椅常手奉经书，向朱子讨教学问，朱子对他"以友待之"。冯椅官至江西转运司干办，后退隐居家，著述有《厚斋易学》《续史记》《论语辑说》《孔门弟子传》等200余卷。

蔡念成，字元思，德安人，从朱熹游于鹿洞。后隐居乐道，尚曾

先儒蔡沈
选自《圣庙祀典图考》。蔡沈,一名蔡沉

出仕。朱熹去世后,念成为之守心丧三年,后又师事黄榦,完成了未卒之学业。晚年,与同门数人,每季月一集,以相切磋,坚持30余年不辍。

蔡沈,字仲默,号九峰。蔡元定次子,幼承家学,稍长,从朱熹学于鹿洞,是朱熹晚年最有成就的弟子。

此外,尚有周颐、彭蠡、黄灏、曹建、李燔、吴唐卿、熊兆等人,不一一赘述。

在入学率持续攀升、就业率每况愈下的今日,学子中能有人不羡慕如此之少的学生却能与顶级大师在山间同听鹿鸣、悠游与共?能有人不跃跃欲试做一回南宋书生?

三 鹿因人盛 | 57

聚书

立校不可无书。草创初成的白鹿洞书院面临着一个大问题：图书短缺。古代书院的图书来源主要有四种：一是朝廷御赐，二是社会捐赠，三是掏钱购买，四是自主刻书。对鹿洞而言，朱熹请求复建时即屡上报告，却均石沉大海，此时又焉能求得御赐之书？星子旱情甫定，财政依然拮据，又焉有余力购置书籍或制版刻书？迎难而生的白鹿洞书院，拟建时便是困难重重，建好后依然前路艰辛。

此时，只剩下丝毫不关涉"经济政治运作"而单与民间人心相关联的一条路：社会捐赠。朱熹决定把这条路走到极致。其实，朱熹以往在各地兴学施教，常遇当地图书不足的情况。此时，面向社会各阶层"征书"是他的常用方法。20 余年前，当朱熹初任泉州同安主簿时，县学书籍短缺，他便通过向民间征集而获得大量可用之书。

如今为振兴白鹿洞书院，朱熹更是费尽心血，八方征集。首先，朱子将自己早先替刘氏子和撰写传记所获的谢礼——手抄《汉书》44 通带头捐给书院。

这位刘子和的五世祖便是前文提到的南唐时曾就读于庐山国学的状元刘式。刘式教子有方，家学绵延，子孙家中多有藏书。如子和之弟子澄便藏有刘式手录《孟子》《管子》等书，云是当年庐山国学的每日功课。子和家中也珍藏有先人手抄《汉书》44 通。为表达对朱子亲笔作传的感激之情，子和之子仁季特将此《汉书》44 通送与朱熹以为答谢。时白鹿洞书院新成，朱熹便毫不犹豫地将此份谢礼捐赠给书院，并亲为之作跋。

此后，朱熹更是向江南东、西两路广发信札，向社会各界人士广为征集。事见朱熹《与黄商伯书》。

朱熹在信中说："白鹿成，未有藏书，……求诸江西诸郡文字，已有札子恳之。"着一"恳之"，而朱子求书若渴之情貌毕现。

信中继续说道："此前亦求之陆仓矣。"陆仓，即是南宋著名爱国诗人陆游，时任江西常平提举，与朱熹结识未久，也成为此次求书的对象。

此外，朱熹还派人专往金陵，向建康知府兼江南东路安抚使陈俊卿求书。发出请求后，朱熹"度诸公必见许"，以"二公必乐为之"，即认为接到请求的诸人定会慨然应允，乐于助成此事。朱子以廓然大公之心，聚天下同道之力，谋定国安民之业，不畏艰阻，自信乐观，令人感动。

朱熹对求书一事细致入微，信中特别提到"已有者不别致"，即避免征书重复这样的小事他也一定亲力亲为。此外，对捐书者姓名必"刻之金石，以示久远"，以表达对献书者的感激与鼓励。总之，展读《与黄商伯书》，回视当年朱子为白鹿洞书院求书所做的努力，一位为振兴文教事业而倾其心力、殚其心血的长者形象跃然纸上。

当时实际求得的书籍并不多，除上文所言刘氏手抄《汉书》一部外，书名有据者还有朱熹从友人处求得的几种书帖，如：从曹建处得到程颐《与方道辅帖》的摹本，从芎林向氏处得到邵雍《诫子孙语》及《天道》《物理》二诗的手书，从祁真卿处得到《尹焞帖》，还从蔡廷彦、吴唐卿处辗转得到了包拯青年时代的诗篇，等等。

朱熹将所得帖文或亲自书写，或照旧摹拓，并一一作跋，刻于石碑。如：

朱熹为程颐的《与方道辅帖》所作《跋文》曰："前文是程伊川先生写与莆田方元寀（字道辅）君的书帖，后一帖乃作于北宋仁宗嘉祐二年（1057年），那时伊川先生只有25岁。此帖真迹现藏于道辅先生的曾孙以陵家。此帖作日之后124年，后学朱熹从曹建处得到模本，把它刻于白鹿洞书院的石碑上。"

《跋所刻包孝肃诗》（包拯，谥号孝肃）曰："这是包孝肃公尚为布衣时所写之诗。蔡廷彦从吴唐卿那里得到它，又告知于我。我非常恭敬地手书一遍，并刻于白鹿洞书院。"

此外，时有陈瓘字莹中者，宋神宗元丰二年（1079年）探花，熙宁年间为本任左司谏之职，却因得罪蔡京父子而被谪往南康。陈瓘虽在贬途，却往来山间甚是自在，因自号曰"了翁"。朱熹亦将其墨帖刻于鹿洞，以示后学。

石碑较纸质不易为损，因而将文字刻碑入石乃是古人的一种藏书方式。朱熹将仅得之文全部立石刻碑，并说"将其刻入金石，愿流传久远，永惠子孙"，可见对其之珍视。

淳熙八年（1181年），浙东发生饥荒，朱熹经宰相王淮举荐，卸任南康知军之职，改任提举浙东常平茶盐公事。离任前，朱熹还在和他的同事、学生以及继任知军钱闻诗共同商定进一步兴建书院礼圣殿等屋宇的计划，后钱闻诗果"建礼圣殿并两庑，塑孔子十哲像"。

朱熹到浙东后，仍然念念不忘他草创甫就、仍需大力建设的白鹿洞书院，趁改任官职方允上书言事的机会而再度提笔。这次，他直接向孝宗皇帝打起了报告，请求皇上为"有屋庐而无敕额、有生徒而无赐书"的白鹿洞书院御赐匾额和书籍，这便是历史上有名的宋朱子《辛丑延和奏札》。

朱熹很聪明地在奏札中援引北宋太宗以国子监本"九经"御赐白鹿洞书院之先例，请孝宗赐高宗手书石经及印本《九经注疏》《论语》《孟子》等书。

也许确因有太宗皇帝之先例在前,也许确是感动于朱熹两年后仍初衷未改,且以一己之力完成复建,孝宗皇帝这次经"委屈访问"后终于准奏,于这一年的十一月二十九日,诏赐"白鹿洞书院"匾额及国子监经书。

课程

朱熹从《礼记》中撷出《大学》《中庸》两篇,与《论语》《孟子》一同汇集而成"四书",作为白鹿洞书院开设的主要课程。朱熹说:"做学问应先读《大学》,然后是《论语》《孟子》,再后是《中庸》。"

在南唐庐山国学时就已经采用的升堂讲说之形式被沿用了下来。现在白鹿洞几种志书中尚保存了朱熹在白鹿洞书院升堂讲说的讲义。如《中庸首章》《大学或问》《白鹿洞书堂策问》等。

朱熹离去后,黄榦在白鹿洞升堂主讲过《乾坤二卦》,山南山北士子云集;朱熹弟子陈文蔚也有在白鹿洞升堂讲说的讲义传世。

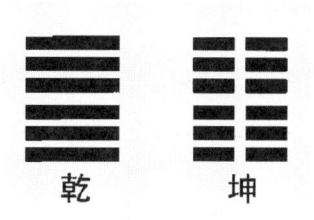

乾坤二卦示意图
乾坤二卦是《周易》六十四卦中最基本之卦,这两卦的诠释关系着其余六十二卦乃至整个《周易》思想体系的真谛

古代由名师巨儒创设主持的书院,往往以自由讲学为其最主要的特色。有奇共赏,有疑同析。讲会制度应是古代书院最具特色的教学与学术交流方式,是其独具魅力之所在。

朱熹复兴白鹿洞书院时即有讲会制度,但具体情形今已难于考评,唯留有朱子《白鹿讲会次卜丈韵》诗一首绕梁千载,余韵未歇:

> 宫墙芜没几经年,
> 只有寒烟锁涧泉。
> 结屋幸容追旧观,
> 题名未许续遗编。
> 青云白石聊同趣,
> 霁月光风更别传。
> 珍重个中无限乐,
> 诸郎莫苦羡腾骞。

朱熹去世后,党禁方炽,许多往日的学生迫于政治压力而与老师划清界限。一时间,朱子学徒各自散去,漫无讲习,先生学说危殆。

唯独在南康,朱子门生李燔联合同门余宋杰、蔡念成、胡泳等人,带领自己的学生数十人,顶住庆元党禁,依旧于鹿洞讲学,定期举行讲会,"有疑问则往复辩难,有心得则相互分享,有过错则彼此规正。经年累月,未曾少有停歇怠慢"。

嘉定九年(1216年),黄榦路过南康探访同门旧友,参加了他们十七八人的讲会,感慨道:"满座皆是佳士君子,何其盛也。"

西方大学中之研讨班(seminar)颇有类于中国古代书院讲会之处。今日高等教育困境中,国人向西方取经的同时,更不妨回头向自家先祖探寻一番。

鹿洞鼓励学生自学与生徒互教，先生仅作为引路、点拨之人。学生自主学习并相互取长补短、互学共进，一方面可促进生徒钻研学问、精益求精，另一方面也可增进同学友谊，培养学生谦虚好学、乐于助人的品质。

《礼记·学记》中有云："学，然后知不足；教，然后知困。"一个人，未学之时往往觉得自己什么都懂，而一旦开始学习后，才会渐渐发现自己的不足。一个人，自己学习时往往觉得什么都懂了，而一旦开始教授别人，才会发现自己还有许多困惑未解的地方。这也是生徒互教法之所以对学生大有裨益的原因。

后人曾记录洞中教学情形云："生徒学有疑义时，可先和经学长一同辨析探讨；倘若仍得不出一致意见，则可问堂长；堂长亦不能决，则可问副讲；副讲仍不能决，则可径往山长处请教。"

一名普通生员，遇任一或大或小之问题，即可层层向上求教争论，直至书院最高主管。疑义不决誓不罢休与真理面前人人平等的精神在此实践到极致。今日之学生，既无心思以钻研真理，更无学识可对话权威。

朱熹亦说："我在这里，讲得少，行得多。事事都必由你们亲自去理会，亲自去体察，亲自去涵养。经书须自去揣读，道理须自去探究。我只是做个引路的人，做个证明的人，做个你们有疑难处可以共同商量探讨的人，如此而已。"

朱子亦提倡诘难。他说："往复诘难，其辨愈详，其义愈精。"书院生徒之间的互相切磋，师生间的质疑问难，是书院师生群居的一种"日课"。

据《朱子年谱》记载，白鹿洞书院建成后，朱熹每逢官衙休假之日（十日一轮），都会由南康军府亲至鹿洞，主持讲会。

学生在讲会上质疑问难，他都循循善诱，诲教不倦。讲会之余，则与学生一道流连于泉石之畔，徜徉于山林之间，不至夕落不思回还。有时，朱熹日间处理郡务已十分劳累，但夜晚却还坚持与诸生讲论学问。学生随时有问题，朱熹随时即问而答，一丝倦殆之色也没有。曾受教于朱子的闽人陈北溪曾说，朱子教人，"直指病痛所在"。

除讲会外，还有文会、诗会。嘉定十年（1217年），朱熹之子朱在特建会文堂，陈宓改名文会堂。

小知识◎钓台

钓台，在贯道溪上游东壁，行书。朱熹刻"钓台"于石，明刘世扬刻"意不在鱼"于侧。

"钓台"源于姜太公渭水钓鱼的故事。

商末，纣王无道，姜尚欲佐周，便隐居在渭水北岸的磻溪（今陕西宝鸡），日日垂钓，等待时机。

常人钓鱼，用的是弯钩饵食，抛钩入水，引鱼食饵，但姜尚的钓法却十分奇特：用直钩，无鱼饵，且钩不入水，距水面有三尺之高。只见太公一面高举钓竿，一面自言自语："不想活的鱼儿呀，你们愿意的话，就自己上钩来吧！"

正巧有位樵夫来到溪边，看见太公的无饵直钩水上钓鱼法，便好心劝他："老先生，像您这样钓鱼，一百年也钓不来一条啊！"

姜太公仍在钓鱼台上坐得四平八稳，回头道："对您说句实话,我可不是为了钓到鱼,而是为钓到王与侯呀!"

周文王姬昌听说了这位不同寻常的老人,便派一名士兵前去叫他。太公不睬,且钓且喃喃:"钓啊,钓啊,鱼儿不上钩,虾儿来胡闹!"

姬昌改派一名官员前去请他。太公依旧不睬,且钓且喃喃:"钓啊,钓啊,大鱼不上钩,小鱼休来闹!"

姬昌终于意识到这位直钩钓者必是位经世奇才,遂茹素吃斋,沐浴更衣,亲往磻溪聘请太公。姜尚这才随文王往归,全力辅佐,佑周灭商。

明代邵宝《题钓台》诗中有云:"直钓古意存,鱼我无嫌猜。"

3."学者学此而已"
——《书院揭示》与书院精神

朱熹总结前人及自己往昔办学的经验,列出"圣贤所以教人为学之大端",亲为书院定立学规,题之屋楣,这便是《白鹿洞书院揭示》,又名《白鹿洞书院学规》《白鹿洞书院教条》《朱子教条》等。全文如下:

> 父子有亲,君臣有义,夫妇有别,长幼有序,朋友有信。
> 右五教之目。尧、舜使契为司徒,敬敷五教,即此是也。学者学此而已。而其所以学之之序,亦有五焉,其别如左:
> 博学之,审问之,谨思之,明辨之,笃行之。
> 右为学之序。学、问、思、辨四者,所以穷理也。若夫笃行之事,则自修身以至于处事、接物,亦各有要,其别如左:
> 言忠信,行笃敬。惩忿窒欲,迁善改过。
> 右修身之要。
> 正其义不谋其利,明其道不计其功。

右处事之要。

己所不欲，勿施于人。行有不得，反求诸己。

右接物之要。

朱熹在学规正文后附有一段说明文字：

> 我私下揣摩古昔圣贤教人为学的意旨，都是令学生讲明义理、修身养性，然后推己及人。并非只是令其背诵文章、填词作诗，以此沽名钓誉。今天的学者却与古昔圣贤恰相反。
>
> 圣贤教人为学的方法，都完整地保存于传世经书中，有志于学的人们应当熟读这些文字，认真思考而辨析它们。如果真正知晓了天理之当然，和己身应循此理而行之必然，又怎用等到他人设立一个规矩来告诉你何事应做何事不应做？
>
> 依此观之，近世学校之设立学规，待人一一循守，已是浅近做法。更何况，其学规条目又未必合乎古昔圣贤教人之本意。故此，熹所未取。
>
> ……今特于古昔圣贤教人为学之法中撷其大端，分条逐项排列于下，揭示于门楣之间。愿诸君相互讲明其理，施之于身。

朱熹在这段文字中讲得很明白，古昔圣贤教人为学的方法都完整地保留在传世经书中，后人只需熟读恭行即可，不必再另求所谓"学习方法"。因而，朱熹从传世经典中摘录出了提纲挈领的几句话，依序排列，这便是后世流传千年、远播东瀛的《白鹿洞书院揭示》。现试为读者一一析之如下：

"父子有亲,君臣有义,夫妇有别,长幼有序,朋友有信。"语出《孟子·滕文公上》。5个小短句,言简意赅,囊括了人类社会中的各种人际关系。孟子为这些人际关系起名叫"人伦",五种基本关系即"五伦"。

为父的,要慈爱;为子的,要孝顺。父子间乃有骨肉之亲。

为君的,要礼遇臣下;为臣的,要忠于职守。君臣间乃有礼义之道。

为夫的,要主外,需阳刚;为妇的,要主内,需阴柔。夫妇间乃有内外之别。

年长的,对晚辈要爱护;年幼的,对长辈要恭敬。长幼间乃有尊卑之序。

互为友人的,要讲求信用,一诺千金。朋友间乃有诚信之德。

契,是传说中殷商的始祖,尧、舜曾命契担任司徒之官,向百姓宣扬五伦之教。

《礼记》
《礼记》是中国古代一部重要的典章书籍,由西汉礼学家戴德和他的侄子戴圣编定。戴德选编之本为《大戴礼记》。今人所见之《礼记》是戴圣选编之《小戴礼记》。东汉末年,著名学者郑玄为《小戴礼记》作了出色的注解,成为士子必读之书。《中庸》原为《礼记》中的一篇

《中庸》
《中庸》原是《小戴礼记》中的一篇,作者为孔子后裔子思,后经秦代学者修改整理。宋代朱熹将《中庸》与《大学》《论语》《孟子》一道并列为"四书"

《论语》(明刊本)
《论语》是记录孔子与其弟子言行的书,共20篇,由孔门弟子及再传弟子编撰而成,是儒家的经典著作之一

"博学之,审问之,谨思之,明辨之,笃行之。"语出《中庸》。

学问之道,首须泛观博览,以培根基;次须善发疑问,不轻信苟同;复当谨思慎虑,多方求证;终至明辨豁然,滞涩皆通;最后,对自己历尽艰难,经学、问、思、辨四步方得来之真理,当笃诚躬行,服膺终身。这是古人的为学次第。

朱子进一步将学、问、思、辨四者统归为"穷理"之事,而将最后一步"笃行之事"一剖为三,分修身、处事、接物而于下文一一阐之。

修身之要:"言忠信,行笃敬。"语出《论语·卫灵公》。

孔子的学生子张向夫子请教:如何才能使自己的主张行得通?孔子回答他:"说话要忠诚守信,行事要笃实恭敬(言忠信,行笃敬)。如果你能做到这一点,即使在未开化的荒蛮之地,也行得通。反之,如果你言不忠信,行不笃敬,即使在本乡本土,又怎能行得通?

"如果你站着,就仿佛看到'忠信笃敬'这四个字直立在你的面前；你乘车，又好似看见这四个字斜靠在车辕前的横木上，真能如此，那你的主张在哪里都行得通。"

子张听罢，将这些话写在了自己腰间的大带上。

"惩忿窒欲"语出《周易·损》，意为克制愤怒，抑制欲望。"迁善改过"语出《周易·益》，意为改正过失而向善。

"言忠信，行笃敬。"君子修身，当于自己言行上下功夫，而无须他求。此句是从积极的角度讲：修身时，何者当加以培扶涵养。"惩忿窒欲"则是从消极的角度讲：修身时，何者当加以克制减除。普通人爱犯的毛病，一为易怒，二为多欲，故要"惩忿"且"窒欲"。外由言行培护德性，内以克忍约束身心，双管齐下，修身由此得入门径。

末一句"迁善改过"，则是依上两句所言之原则，时时关照自己

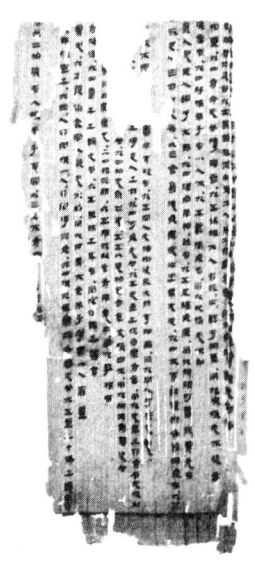

西汉帛书《周易》（片断）

《周易》也称《易经》，是古老的占筮之书，也是中华民族哲学思想与智慧的结晶。传说是由伏羲"仰观天文，俯察地理"而画八卦，周文王演为六十四卦，孔子作《易传》，"人更三世，事历三古"方才完成。《周易》被誉为"群经之首，大道之源"

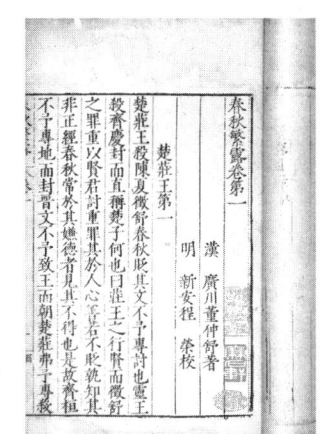

《春秋繁露》
西汉今文经学大师董仲舒的代表作,是阐释儒家经典《春秋》之作。董仲舒在书中阐发"春秋大一统"之旨,建立起"天人感应"的神学体系

当下之身心,有过则改之,无过则加勉,一心向善而终达至善之境。

处事之要:"正其义不谋其利,明其道不计其功。"语出董仲舒《春秋繁露》及《汉书·董仲舒传》。意为:做事情时,视道义所在而行,不为一己私利,亦不问结局如何。

我们来看《论语·宪问》中记载的一则故事:

子路在石门过夜。有隐士问他:"您从哪里来?"子路回答:"我从孔氏那里来。"隐士说:"就是那个明知做不到却还是要做的人吗(是知其不可而为之者与)?"

这位隐士,必是高人。以"知其不可而为之"来概括孔子,真可谓入木三分。一个人,明知自己所从事的事情在有生之年不可能取得成功,却依然全情投入,不改初衷。"春蚕到死丝方尽,蜡炬成灰泪始干。"一己之私心与功利之结局在此皆消融隐没。曾子亦言:"仁以为己任,不亦重乎?死而后已,不亦远乎?"儒家确是"正其义不谋其利,明其道不计其功"的典范。

而在今人眼中,朱子从古籍中千挑万选出的这条处事黄金法则也许并不那么容易接受。在整篇《白鹿洞书院揭示》中,恐怕就数这则"处事之要"最与现代人的思维相抵触了吧。"天下熙熙,皆为利来;天下攘攘,皆为利往。"求利逐利乃是人的本性,自古如此,于今为甚。这则"处事之要"却要人不求利益,不计结局,只依道义所在而处事,是否行得通?

"德者,得也。"有德者所得为何物?没有得到利益,没有得到结果,那他们得到了什么?《论语》中有"求仁而得仁"之语,所求不同,所得不同,苦乐不足为外人道。

接物之要:"己所不欲,勿施于人。"语出《论语·颜渊》,意为:自己不希望他人如何对待自己,自己也不要以那种方式对待他人。

"行有不得,反求诸己"语出《孟子·离娄上》,原文如下:"爱人不亲,反其仁;治人不治,反其智;礼人不答,反其敬——行有不得者皆反求诸己,其身正而天下归之。"

意思是:爱别人却得不到

曾国藩行书七言联
纸本,行书,河北省博物馆藏。曾国藩(1811~1872年),字伯涵,号涤生,湖南湘乡人。晚清重臣。他的智慧深深影响了几代中国人

别人的亲近，就应该反问自己的仁爱之心是否不够；管理别人却未能管理好，就应该反问自己的知识才能是否不够；礼貌待人却得不到回应，就应该反问自己的态度是否不够恭敬——凡是行为得不到预期的效果，都应该反躬自问。自身行为端正了，天下的人自然都会归服。

相传在夏朝时，诸侯有扈氏率兵入侵，大禹派儿子伯启迎战，结果伯启大败而归。他的部下很不服气，一致要求再战以决胜负。但伯启摆手说道："不必了。我的兵卒比他多，地盘比他广，结果反倒败给了他，可见是我自己德行浅薄、用兵无方，上天不佑啊！从今天起，我一定要好好反省自己，努力改进自己才是。"

从此，伯启夙兴夜寐，发愤图强，生活俭朴，爱民如子。如此勤修内政一年，有扈氏闻风归顺。

晚清名臣曾国藩在家书中即有"宏其度，则行有不得，反求诸己"之言。古语亦有"躬自厚而薄责于人"，"静坐常思己过，闲谈莫论人非"等，皆是相同的意思。

以上是《揭示》全文，朱熹"揭之楣间"，以备生徒"朝暮自省"。

绍熙五年（1194年），即鹿洞复兴后第十四年，朱熹出任潭州知州，在任上重建岳麓书院，并将此《揭示》移录其中。白鹿学规跟随晦翁由江右来到湖湘，随境扎根，生机无限。

淳祐元年（1241年），宋理宗视察太学，御笔亲书《白鹿洞书院揭示》赐诸生。此后，鹿洞一院之"学规"，迅速风靡全国，成为天下书院共同尊奉之圭臬。

4."义利之辨"举座动容
——陆九渊《论语讲义》

陆九渊

陆九渊(1139～1193年),字子静,号象山,南宋著名哲学家、教育家,江西抚州金溪(今江西金溪)人。与当时著名的理学家朱熹齐名,史称"朱陆",是与朱熹双峰并峙的理学大师、"心学"的创始人。明代王阳明发展其学说,成为中国哲学史上著名的"陆王学派",对近代中国理学产生了深远影响

淳熙八年(1181年)春二月,曾与朱熹鹅湖一会、论辩酣淋的学问诤友陆九渊来了,料峭微寒的初春都因老友重逢而平添了几分暖意。

陆九渊此行,乃为同与鹅湖之会却已于去岁离世的兄长陆九龄求一篇墓志铭于朱熹。朱熹在叹惋老友离世、慨然应允铭文之余,不忘自己白鹿书院洞主的新身份新职责,乃邀陆九渊升书院讲席,"请得一言以警学者"。

陆九渊,字子静,世称象山先生,是南宋时与朱熹齐名的大儒,二人并称"朱陆"。朱陆二子均为学问大家,亦为教育大家,但二人在学问之道、教人之法上却

各执一端,各有千秋。

"朱子教人,先令博览群书,然后由博返约;二陆之意,则在首先发明人心本然,再行博览之功。"朱子强调读书格物,循序渐进;陆子强调发明本心,直指要害。朱子笃实,而失之烦琐;陆子高简,而失于空疏。究竟是先向外求索事理还是先向内体察本心更能入道参圣?所谓"朱陆异同",千古难合说到今。

陆九渊一生亲炙学生数千人以上,他最有名的一句"简易教学"励志格言乃是:"哪怕一个字都不识,也不能妨碍我堂堂正正地做个人。"钱穆先生说:"象山教法,在于因人设教,直指本心。"

正是这种面对芸芸凡夫之不同隐疾时都能直戳其心灵痛处的指点方法,使陆门之教极具感染力与震撼力。凡经陆子当面剖析心术之微的人,莫不汗流浃背、战兢悚然;而经陆子教诲引导后,又莫不惕然感奋、重新做人。陆子以极其光明俊伟之人格,行掣电驰风之感化,此一点,人所难及。

史载:"陆子在临安朝中为官时,四方求学之客盈门满室,乃至于将自家所有房屋都用来接待学者还嫌不够,而更需别求他馆。""陆子卸官归家后,每次设坛授课,都会引八方学子辐辏而来,斗室内外人满为患,甚至连白发苍苍的老翁也拄着拐杖,颤巍前来,倚柱倾听。""先生每去城中开讲,环座听众皆有二三百人以上,场地容纳不下,只能徙往寺庙道观。后来,地方官员为先生开设讲席于学宫,从达官贵人至贩夫走卒,从耄耋耆老至垂髫童蒙,都来聆听先生教诲,道途里巷水泄不通。"

据此,不难想象陆子其人的风貌气度与人格魅力。6年前,朱陆鹅湖一会,激辩同异,无果而终。然学问有分歧,友情无嫌隙。6年后,朱熹诚邀在学术上与自己"几如冰炭"的陆九渊讲学鹿洞。这位长于"直指人心"的象山先生将会带给鹿洞师生怎样的一场心灵震颤？

二月初十日，书院师生一早便麇集讲堂。鹿洞虽地处荒僻，但逢此大贤亲诲之良机，各方学子早已闻风而至，即连当地农夫亦赶来旁听。一如往日在各处施教时的情景，鹿洞讲堂被求知若渴欲睹陆子风采者充塞得水泄不通。

象山先生甫过四旬，正当壮年，双目炯炯而面容和悦。他环视四下，缓缓开口：

"某从小蒙父兄师友教导，不敢自弃。但资质顽钝，学不加进。每思至此，便心生愧惕，恐怕辜负了自己当初立下的志向。于是，某遍游四方，广交师友，欲求切磋针砭之益，以行鞭策激励之功。此次应郡侯秘书（朱熹）之邀，至白鹿书堂，得览此群贤毕集之盛况，某窃自庆幸。诸位先生不嫌某驽钝，令升堂讲学。某何敢当此，推辞再三，却不得所请。既幸以临此，则姑妄言之。取《论语》中一章，略陈某平生所感。"

陆子略顿，众人目不转睛地倾耳聆待下文：

"某今日所讲为《论语·里仁》中'君子喻于义，小人喻于利'一章。此章以'义''利'来分别君子和小人，辞旨明白清楚。然而，学者倘若不能切己省察，则恐怕仍不能对自身有所裨益啊！"

"义利之辨"乃是陆门入学之第一要义。《陆九渊集·语录》中记载了这样一则故事：南城的傅子渊、陈正己两人都想拜象山先生为师。傅子渊先往，归家时，陈正己问他："陆先生教人时先教什么？"子渊答曰："辨志。"正己又问："怎么个辨法？"答曰："辨义与利。"另一学生阜民（子南）初见象山先生后，亦记其教人大旨云："凡欲为学，当先识义利公私之辨。"可见，象山此次开讲鹿洞，乃取其平生学问最得力处。

陆子开始深入剖析:"某平日读至此章,常深有感触。学者于此当细辨自己的志向。喻,此处是晓畅明了之义。君子真正明白懂得的是'义',小人真正明白懂得的是'利'。此话怎讲?一个人,志向在哪里,便会在哪里用心思;在哪里用心思,便会在哪里有真正的明了与体悟。这便是喻。而人所深喻之物,必然笃好之。我们不可能喜好一件自己并不真正了解的事物。

"志于'义',则自会在'义'上用心思;在'义'上用心思,则必然深晓于'义';深晓于'义',则自会笃好于'义',乃至于舍生取'义'。反之,志于'利',则自会在'利'上用心思;在'利'上用心思,则必然深晓于'利';深晓于'利',则自会笃好于'利',乃至于见'利'忘'义'。因此,学者对自己的志向不可不辨啊!"

台下有人微微点头,心领神悟。

陆子话锋一转:"由唐至宋,科举取士已有数百年之久,名儒巨公皆由科考而出,今日读书人欲博取功名者亦不能免此。然而,科举取士的标准,只是看士子写作文章的技巧如何、考官品评文章的好恶如何罢了,而与君子小人'义''利'之辨丝毫无涉。今世之人却皆竞相崇尚此种风气,汩没其中,不能自拔而不自知。

"读书人啊,终日口口声声说自己读的是圣贤之书,然考其志向,却与圣贤之教背道而驰、毫不关涉,而只在钻营官位尊卑禄廪厚薄罢了!这样又怎能尽心尽力于国事民忧?又怎能无愧于这身上的官服、这肩上的重任,与那君父黎民的殷殷期盼?"

随着陆子演讲的进行,台下开始有人轻声啜泣。很快,泣涕之声散播开来,连朱熹都因汗出涔涔而不得不挥扇于早春微寒之天。象山先生一番恳切之言,讲得台下举座动容。

陆子由疾声厉色换为语重心长:"学者日日所读为古圣先贤之言,

日日所做为安民定邦之业,浸染既久,讲习既熟,为何仍然不能对'义'明白畅晓?恐怕还是志向不在此的缘故啊!日读圣贤之言,而犹耽于利禄之欲,真是让人为之痛心疾首啊!

"学者实当痛省身心,切勿使自己归于小人之伍。倘能专志于'义',而日勉日新,博学审问慎思明辨而笃行,以此而进于科场,所做文章必能道出平日所学。胸中蕴道义,笔下生莲花。由此而金榜题名,为官做宰,必定心忧君国,不计身家。如此,怎能不称之为君子?

"秘书先生(朱熹)以一己之力起废兴毁,重建鹿洞,其意笃诚可敬。凡聚于斯堂者,定乃同心,必无二志。某愿与诸君共勉,以毋负其志。"

陆子的演讲至此告一段落,台下的泣涕之声仍在持续。而泣涕之人心中的触动及由此催生出的身心变化当会持续更久。

朱熹此时登台致辞:"陆先生所讲恳切明白,而足以切中学者隐微深痼之病,听者莫不悚然动心。我们都应依照陆先生之教导反躬自问,痛省身心。熹当与诸生共守之,以毋忘陆先生之训。"

后来,朱熹请象山先生把此次演讲的内容笔之于书,作为文献留存在书院,以励后学。

5. 子承父志
——朱在对书院的续建

淳熙七年（1180年），朱熹复兴鹿洞"重营旧馆喜初成"之时，幼子朱在恰侍行朱熹身旁，参与了复建过程。后此38年，时当嘉定十年（1217年），已经是史家所谓"更化"之后，距朱子离世亦已17载矣，朱在以大理寺正的身份知南康军，重返故地。

在此期间，他"扬休命，成先志"，对白鹿洞书院又进行了大规模的扩建，使其达到全盛期。朱熹门人黄榦为之作记：《南康军新修白鹿书院记》。其中对此次扩建的内容多有描述：

"初修时未及兴建者，如今都一一增补之：祭祀先贤的祠堂、礼待宾客的馆阁、御书阁东的书斋、跋涉至洞的山路，无不尽心修筑。

"初修时所建过狭者，如今都一一扩展之：礼殿、直舍、门、墙，无不拓其规模。

"初修时已建而破损者，如今都一一翻新之。即便是厨房浴室这样的地方，也绝不马虎苟且……

"鹿洞经此次拓建后，规模广大恢宏，政府所办的郡学也比不了。

以它作儒生学者讲修课业之地真是再合适不过,称它为南康庐山一带的绝特之景真是实至名归。宣扬本朝崇文之风,续成前贤育人之美,真是没有丝毫缺憾了!"

此外,黄榦对老师父子二人先后重修鹿洞亦感慨不已:

"榦往昔从先生(朱熹)游学,曾有幸目睹白鹿洞书院在先生手中复建而兴;后此三十八年,更幸而重睹鹿洞再次扩建而成。一面为先师已逝、不得复见而悲叹,另一面又为朱在有心、善承父志而欣喜。"

四 呦呦鹿千载，杏坛乃尚存？

鹿洞自中唐初建，历经五代、两宋、元、明、清，直至近代，屡次遭战乱废毁，又屡次经有心人重建。白鹿洞书院的千年兴废是一面中国历史文化之镜，照见了王朝更替、时代兴衰，映出了一条中华民族时隐时现却永不枯竭的人文血脉。

1. 千年兴废

人言鹿洞"与匡山、彭蠡屹峙为三不朽",其由唐至宋之兴替已详见前文,此处由宋末元初谈起。

元、明、清三代中,元与清均为少数民族政权,唯有朱明以正统自居。其中,"只识弯弓射大雕"的蒙元自始至终未被汉化,国祚不足百年而止;满清则凭借汉族文化而统驭全国。然而,鹿洞却"在元尤盛"(解缙《庐阳书屋记》),反而在以正统自居的朱明政权下遭际坎坷。

蒙元

元廷是少数民族政权,汉族知识分子多不愿与之合作,而宁可退隐书院,读书泉林,设教授徒。再加上元朝对书院也采取支持的态度,于是,书院在元朝十分繁盛。朱彝尊在《日下旧闻》中写道:"书院之设,莫盛于元。"

马廷鸾,南宋末年宰相,饶州乐平(今江西乐平市)人氏,因忤逆权臣贾似道而辞官归里。

廷鸾曾游鹿洞，并撰有一篇《庐山白鹿洞书院兴复记》，收录在他的《碧梧玩芳集》中，记录书院前后兴废甚详。

从南宋朱熹、朱在父子两度兴复鹿洞，至此后16年江东提刑接续前贤事业而再次整修，又至54年后，"书院屋宇未曾谨慎戒火，致使百年儒馆一夕烟灭，人文学术所遭受的厄运真是莫此为甚啊！"最后记述了元代至元二十四年（1287年）鹿洞又在南康政府与书院人众的共同努力下再次恢复的情景。此文是在战火中毁之殆尽的元代鹿洞史料中极其珍贵的篇章。

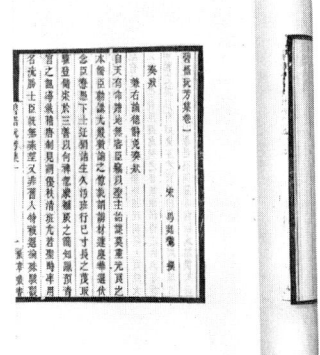

《碧梧玩芳集》
马廷鸾（1222～1289年），字翔仲，号碧梧，晚年又号玩芳。幼年丧父，贫不改志，刻苦读书，参加科考获进士第一，殿试第四，一举成名，由地方直至宰相高位。后因贾似道把持朝政饮恨而退。宋亡，廷鸾拒绝与元政权合作，表现出崇高的民族气节

马廷鸾的儿子马端临是宋元之际著名学者，宋亡不仕，居乡著述，其积20余年之力所撰《文献通考》一书是中国古代典章史的集大成之作。宋代四大书院的名称及排序一直存有争议，马端临也许是因为父亲与鹿洞的亲缘关系，在自己的《文献通考》中将白鹿洞书院列为宋代四大书院之首。

太平年间，次递有贤者承平修整；困厄景况，依然有志士迎难复兴。世变天灾终敌不过人心有恒。

乱世中齐官归隐的耿介宰相，异族政权下不愿为官而隐读著书的学者儿子，马廷鸾与马端临父子同白鹿洞书院的渊源极具代表性。

幸存无多的元代鹿洞史料中，还有一篇便是著名学者、诗人虞集的《白鹿洞新田记》。虞集的老师是元代南方最负盛名的理学家吴澄。

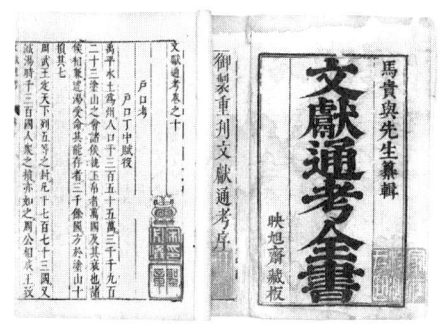

《文献通考》

《文献通考》记载上起三代,下终南宋宁宗嘉定五年(1212年)的典章。共348卷24门,其中经籍、帝系、封建、象纬、物异5门为作者自创。所载宋制尤详,多为《宋史》各志所无,价值极高

虞集在《新田记》中记载了元大德间(1297～1307年)南康路总管崔翼之、教授王肖翁与书院山长柴实翁共同节俭经营,为鹿洞增置学田百余亩的事迹。

政府与民间,官员和学者,如此戮力同心兴学助教,令今人慨叹。

此外,虞集读朱子《白鹿洞赋》深有心得,亲为之作跋,并在跋文中讲述自己"曾经泛舟鄱阳湖中,登临匡庐山间,造访鹿洞堂上,反复细读《洞赋》多次",且意欲将此篇赋文请"能工巧匠摩刻竖碑,以填补洞中尚无此文的缺憾,冀望后人亦能拜读之而有所感悟"。(田琯《白鹿洞书院志》)

读毕此言,不禁想起王羲之在千古名篇《兰亭序》之文末所言:"后之览者,亦将有感于斯文。"前贤对后学之心思与殷望,后人又能知晓几分?

虞集的老师——与经学大师许衡一道有"北许南吴"之称的草庐先生吴澄,在延祐六年(1319年)至七年曾暂居江州濂溪书院,其间曾专至白鹿书院"朝圣"。可见,经南宋朱子复兴后,白鹿洞书院已

俨然成为学者心目中的圣地，必欲亲临其间，涤荡身心性灵而后快。

陈大猷是宋末著名理学家，金溪学派一代硕儒。其子陈澔曾任白鹿洞书院主讲，远近慕名求学者甚众，一时间鹿洞学风大振。

江西吉水人高若凤曾任建昌（治今永修县）州判，建昌与星子相邻。他曾作《送人读书白鹿洞》，诗云：

> 碧瓦参差俨杏坛，白云深锁洞门闲。
> 不宗朱氏原非学，看到匡庐始是山。
> 十里松风潮汹汹，一溪泉雨珮珊珊。
> 会须结屋书堂近，五老峰前任往还。

云雾缭绕的庐山
云雾缭绕、树林茂盛的江西庐山，仿若人间仙境

"碧瓦参差"可见屋宇巍峨,"白云深锁"更见景色清幽。朱子之学在元代得以确立其官方地位,故曰"不宗朱氏原非学"。这也是鹿洞在此期得到发展的一个契机,且亦使白鹿洞书院得一别名:朱晦翁书院。

孟子有言:"观于海者难为水,游于圣人之门者难为言。"若凤此言:"看到匡庐始是山。"不至匡庐鹿洞,未聆朱学真谛,怎能云已至名山、已闻圣道?

"十里松风"涵人道心,"一溪泉雨"发人诗情;五老峰下,往还悠游,真是羡煞旁人!无怪乎要以送人读书鹿洞为题而赋诗一首了。元代鹿洞景况之盛与声名之隆,由此可见一斑。

此外,元代鹿洞之著名师长亦有:叶宗仁、郭朝用、黄恺(皆星子人),与熊升、熊自得(皆丰城人)、吴德昭(余干人)等,皆为庐山鹿洞附近之人氏。一方俊秀教授一方生徒,一地师生移易一地风貌,朱子复兴鹿洞之初衷岂非正在此处?

元末至正十一年(1351年),兵火焚掠中,白鹿洞书院橡倾众散,文物荡尽,步履匆匆地结束了它在游牧民族政权下的短暂行程,又一次没入荒芜沉寂中。

小知识◎砥柱

"砥柱"二字在书院门前贯道溪石上。明李梦阳书,楷书。

砥柱是河南省三门峡境内黄河中游的一个石岛。20世纪50年代兴建三门峡水电站之前,每逢汛期,脱缰的黄河水从上游倾泻而下,横冲直撞,凶猛无比。在此行船,必是船覆人亡。然而，在下游 400 米处，却有一山形巨石岿然挺立于黄河的惊涛骇浪之中，任急流肆虐，仍屹立不倒，"中流砥柱"由此而来。后用以喻指在动荡艰难的时局中能起支柱作用的人或力量。

朱明

鹿洞自元至正十一年（1351 年）毁于兵燹，至明正统三年（1438 年）方才重建，前后荒芜了 87 年之久。距离明朝初建（1368 年），也已相隔整整 70 年。

相比较于蒙元政权于统一全国后 12 年即下令，扶持民间将"先贤过化之地"重新"立为书院"（《元史·选举志》），朱元璋以雄才之主所建立起的汉人政权，对待士人严峻残酷，禁毁书院不遗余力，还不如"弯弓射雕"的蒙古族统治者。

在这荒寂的 87 年中，仍不乏一些著名的文人学者前往鹿洞凭吊怀古，寄发幽思。

王祎，浙江义乌人，元末明初与宋濂齐名的大儒。朱元璋攻取婺州后，王祎前来应召，朱元璋大喜："我知道浙东有两位名儒，是先生您与宋濂。论学问广博，您也许不如宋濂；但若论才思雄奇，则宋濂远远比不上先生您啊！"

王祎在鹿洞被毁的 15 年后，也即元至正二十六年（1366 年）曾出任南康府同知。初至南康，王祎便"欲至白鹿其渴"，但左右僚属对他说："鹿洞荒芜已久，如今早已是荆棘塞途，恐无路可至啊！"后来，"因为有众多想去鹿洞的人相继伐木开路，这才重新有了通途"。不过，这条路上却仍然有虎狼猛兽的踪迹，"如果一定要去，则必须多人结伴同往才可","因为这个缘故,(王祎)才暂时没有执意前往"。然而,欲至鹿洞的"甚渴"之念却越发浓烈。

最后,"江西行省官员去信南康府,令其取鹿洞内所生六七百年之古杉,以作皇宫御殿之木"。对前贤儒馆旧迹,当局不思复兴,反对镇院之灵木虎视眈眈,竭泽而渔,可谓穷凶极恶了。王祎受此命而与星子县令一道"带领丁夫等人同往",终于来到了他朝思暮想的鹿洞圣地。

王祎看到了什么?

"书院被毁已十有五年,瓦砾间兀然拔起一株大树,粗至数围……书院建筑仅残留'濯缨''枕流'两座石桥。昔日的宏伟规模不复存在,只听得到山鸟呼朋引伴的鸣叫声,还有那空山鸣响、空谷回应,好似弦歌一般地余音悠扬。"

此次探访鹿洞的前后波澜、所见所感,都被王祎记载在了他的《游鹿洞记》中。细品详读令人感慨:一处荒芜得仅余两座石桥的遗址,无通路、有兽踪,却挡不住后人排除万难前往瞻拜的渴念。为何?

解缙,明初大学士,明代第一位内阁首辅,主编《永乐大典》。洪武二十三年(1390年),解缙登临庐山,远眺鹿洞,留下了"瓦砾邱墟,榛莽弥望,白鹿洞书院早已无路可往"(解缙《庐阳书屋记》)的感慨。

胡俨,明初国子祭酒,洪熙元年(1425年),曾偕同诗友共游鹿洞。遗迹荒莽如故,胡俨等人只能"周览荒凉故迹,徒有感触而已"(胡俨《重建白鹿洞书院记》)。此外,还有李时勉、曾晢等多位明初学者、官员等留有游览鹿洞之诗文。

物换星移,鹿洞在荒凉中与文人墨客的感怀咏叹中走过了86个年头。正统元年(1436年),日后有"江西第一郡守"之称的广东东

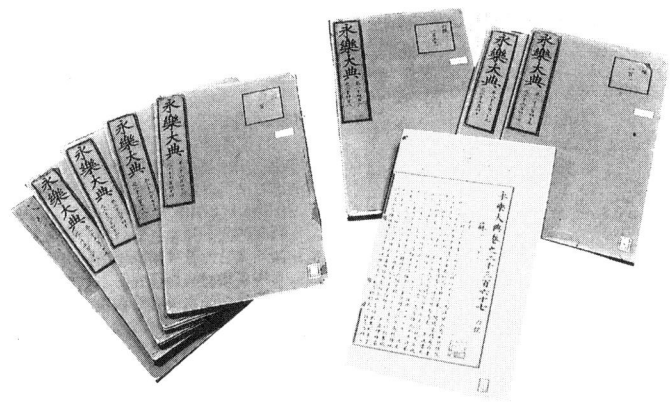

《永乐大典》
《永乐大典》编撰于明永乐年间,初名《文献大成》,是中国百科全书式的文献集。全书目录60卷,正文22877卷,装订成11095册,共约3.7亿字,共汇集图书七八千种。《永乐大典》大多亡于战火,今存不足800卷

莞人瞿溥福出任南康知府。

瞿溥福到任后,做了不少实事。他首先下令,将灾年时因擅发富家粟米而判死罪的饥民百余人改为杖责而遣;后又在鄱阳湖中筑堤百余丈,以方便往来船舶遭遇风浪时停泊。

可以想见这位颇受百姓爱戴的新任知府在书院遗迹前是如何地扼腕而叹。然而,由此催生出的却并非叹惋满篇的游记,而是鹿洞由榛莽间的拔地重起。

瞿溥福在到任两年后(1438年),即率众倡修书院。他带头捐俸,并动员同僚,多方集资。附近三县人士听闻知府欲修复白鹿洞书院,亦纷纷起而响应,或出资财,或助力役(胡俨《重建白鹿洞书院记》)。众人拾柴火焰高,断瓦颓垣很快变为屋舍俨然。瞿溥福继而延师以训

生徒，每月的初一与十五更是亲临鹿洞，为诸生讲授。附近百姓慕名前来者众，"白鹿洞书院之名复闻于天下"。

翟溥福此次重建奠定了后世白鹿洞书院的大体规模，他也因此而得以配享白鹿洞书院三贤祠，与李渤、周敦颐、朱熹等三位鹿洞先贤一道，接受后人永久的供奉与怀念。自此次重修后，直至清末，几乎历朝历代皆对鹿洞有程度不一的修整。

翟溥福虽身为明朝政府官员，但重修鹿洞却纯由溥福私人联合民间并力完成，未取政府半丝半毫。且鹿洞重建后，亦未列入朝廷建制，仍为地方学校。

成化元年（1465年），江西提学李龄与南康知府何浚一道又对书院进行了修整，李龄还两度聘请胡居仁主持书院讲席。胡居仁是明代

先儒胡居仁
选自《圣庙祀典图考》。胡居仁（1434～1484年），字叔心，号敬斋，江西余干人，明代理学家。师事崇仁硕儒吴与弼，致力于程朱理学，过于其师。名闻当时，影响后世。绝意仕进，以布衣终身

硕儒吴康斋与弼先生的学生。成化三年与十六年，应李龄、钟成之聘，先后两次来到白鹿洞书院掌教。

胡居仁重建了白鹿洞书院的各种规章制度，他制定了《续白鹿洞书院学规》六条。这是继朱熹手定《白鹿洞书院揭示》以后影响最大的白鹿洞书院学规，全文如下：

一、正趋向以立其志；
二、主诚敬以存其心；
三、博穷事理，以尽致知之方；
四、审察几微，以为应事之要；
五、克治力行，以尽成己之道；
六、推己及物，以广成物之功。

他在《白鹿洞讲义》中最后说道："务使今日白鹿洞，即昔日白鹿洞；今日之学，即昔日文公之学；今日之道，即文公昔日之道……"

成化十七年（1481年），江西提学副使钟成等人诚邀白沙先生陈献章主持鹿洞讲席，然献章推辞之下并未任，鹿洞与之交臂而失。

弘治十年（1497年），江西提学佥事苏葵与南康知府刘定昌等又再次大修书院。其间，苏葵请得知名学者娄性任书院讲席，四方学子闻风而至，多至500余人，创下白鹿

先儒陈献章

选自《圣庙祀典图考》。陈献章（1428～1500年），广东唯一一位从祀孔庙的明代硕儒。因曾在白沙村居住，人称白沙先生。曾从吴与弼讲理学，半年而归，居白沙里，筑阳春台，读书静坐，数年不出户。开创江门学派，主张学贵知疑，独立思考，提倡较为自由开放的学风

吴与弼

吴与弼（1391～1469年），明代理学家，字子傅，崇仁（今江西崇仁）人。躬耕读书，对四方所来学者教诲不倦，屡辞征聘。著《日录》，悉言平生所得。学者称康斋先生。有《康斋文集》。清代黄宗羲在《明儒学家》一书中，把《崇仁学案》位列第一，又把吴与弼列为《崇仁学案》的第一人，显示了吴与弼在明代思想学术界的重要地位

洞书院历史上生徒人数的最高纪录。

娄性乃是明代著名理学家娄谅之子，而娄谅与胡居仁、陈献章同为康斋门下三大弟子。胡居仁、娄谅得康斋之"笃志力行"，遂开余干之学；陈献章得康斋之"静观涵养"，而开白沙学派。两派均影响极大。白鹿洞书院与吴康斋先生三位高足均深有渊源，其理学地位于此可见一斑。

接下来，正德、嘉靖二帝在位时期（1506～1566年），恰为一花甲子，白鹿洞书院在此间达到鼎盛。

李梦阳，号空同子，陕西庆阳人。既是有明一代文坛巨匠，亦是颇有政绩的优秀官员。在文人涵养与政治实干的双重才能下，梦阳在鹿洞留下了浓墨重彩的一笔。

正德六年至九年（1511～1514年），梦阳为官江西，以提学副使之职在全省创建、修复了多所书院，甚至毁庙坏祠以复校建学，对江西文教事业卓有建树。

其间，梦阳曾数至鹿洞，登堂讲学，清理田亩，修筑亭台，重修洞志，并亲为撰序。梦阳在鹿洞留下大量诗文墨迹，今日鹿洞门楣上"白鹿洞书院"五字即是梦阳应星子知县之邀为溪口桥石牌坊所题。

此外，梦阳亦为宗儒祠、独对亭、钓台亭、六合亭等院内建筑作记、撰铭，不辞劳苦。其中，《宗儒祠记》全文石碑仍保留在书院碑廊中。诗篇更是无数：《钓台亭成》《白鹿洞遍览名迹》《始至白鹿洞》《再至白鹿洞》《白鹿洞》《余邹二子游白鹿洞歌》《回流山亭》《风雩石》

"前七子"之首李梦阳《自书诗》墨迹
李梦阳工书法,其《自书诗》师法颜真卿,结构方整严谨,不拘泥规矩法度

《枕流桥》《钓台》《回流山》《井》……

正德十三年（1518年），明代心学大师王阳明以佥都御史之职巡抚南赣、汀州、漳州。在此期间，他特意取自己的《大学古本》《中庸古本》，包括《大学古本序》与《修道说》等与朱熹学派商榷，并不远千里派人将手书"致之洞中"刻于石碑，这些珍贵的资料至今仍完整地保存于书院碑廊中。

正德十四年（1519年），王阳明在击败并擒获朱宸濠时，曾派兵讲驻南康。次年正月，阳明先生亲至鹿洞，并在此流连忘返。史书说他"徘徊久之，多所题识"。

王阳明

王阳明（1472～1529年），原名云，后改名守仁，字伯安，浙江余姚人。因他曾在余姚阳明洞结庐讲学，自号阳明子，故被称为阳明先生，其学说世称"阳明学"。王阳明不仅是宋明"心学"的集大成者，且能统军作战，是中国历史上罕见的全能大儒，故史称之为"真三不朽"

四 呦呦鹿千载，杏坛乃尚存？

湛若水
湛若水（1466～1560年），字元明，号甘泉，增城（今广东增城）人，明代哲学家

书院古洞之人文遗存不同于山川河岳之自然景观，它的美难以表露在外，而必待对其历史文化之来龙去脉有相当了解后方能体味其意蕴。同样的屋舍碑廊，有人只看得到砖瓦墨石，则定觉索然寡味；而有人却看得见砖石背后那一张张鲜活的面孔、一幕幕永恒的场景，则自会思绪百转，感慨万千。不知阳明先生在鹿洞的砖石背后看到了什么，以至于徘徊久之不忍离去。

正德十六年（1521年）五月，王阳明又集门人讲学于白鹿洞书院，留有诗歌，临行又遗金主洞增置田亩。

弘治十七年（1504年），广东增城人湛若水初访鹿洞。湛若水，字元明，号甘泉，少时从学白沙先生陈献章。后与王阳明同时讲学，各立门户，后为国子祭酒。

嘉靖年间，南康知府王榛刻湛若水著《心性图说》《四勿总箴说》石碑于书院，成为书院师生讲习的重要教材。

嘉靖十五年（1536年）八月，这位与王阳明分庭自立的湛若水又率徒重访白鹿洞，并留下了《丙申再访白鹿洞五首》诗。两年后，湛若水又应江西参政王慎中的请求，特为白鹿洞书院作《心性总箴二图说》刻石，留于白鹿洞书院以资纪念。

明朝书院，不仅讲学，且极喜议论朝政，抨击时弊。

有明一代，朝廷禁毁书院凡四次。嘉靖十六年（1537年），以书院倡邪说禁之；嘉靖十七年，以书院耗财物毁之；万历七年（1579年），张居正以书院多无实学而封之；天启五年（1625年），魏忠贤党同伐异而撤毁杀戮之。

前两次禁毁中，白鹿洞书院均未受到大的影响。书院由唐至宋，极盛于元明二代，早已遍布神州，于民间声望颇高，绝非官家一纸禁令所可轻易钳制。史书记载："虽世宗（嘉靖）力禁，而终不能止。"

万历初，张居正执掌朝政，其因改革大计遭到反对派据书院讲台所发之非议而对其极为反感，立意整饬。史书称："张居正最憎讲学，言之切齿"，时人亦指摘居正为"不悦学"，他给友人的信中更直斥书院自由讲学为"作伪乱之学""讲学者全是假好学"。

值得一提的是，张居正的老师——内阁首辅徐阶却偏是一位书院讲学的提倡者，嘉靖末年两次禁毁书院后，正是由于徐阶的大力提倡扶持，书院才一度得以恢复。而张居正对老师聚徒讲学之行为亦是极为不喜。

万历三年（1575年），张居正曾上《请饬学政以振兴人才疏》，言今后"不许别创书院，群聚党徒，及号召游食无行之徒，空谈废业"。万历七年（1579年）正月，张居正以常州知府施观民借办书院搜刮民财之事而借题发挥，废毁全国书院，自应天府以下凡64处尽废之，"卖田以充边需"。白鹿洞大部分院田充边需，书院停办。鹿洞持续了一花甲子的繁盛终于落下帷幕。后由于巡抚江西都御史邵锐等人的努力，才保存了书院的屋宇和以备祀祭的部分田亩。

好景不长，仅仅3年后，即万历十年（1582年），张居正因病去世，时年58岁。人亡政息。次年，给事中邹元标请求恢复全国书院，得到皇帝批准。九江巡道王桥随即请复白鹿洞书院，在巡抚曹大埜的支持下，不到一年时间，白鹿洞书院得到恢复。万历十三年（1585年），原有田亩亦赎回。

小知识◎洙泗分流

"洙泗分流"四字,在贯道溪西壁。明陶思贤书,楷书。

孔子杏坛设教,乃在洙泗二水之间。洙水与泗水均为古水名。洙水发源于今山东泰安东北,泗水发源于山东泗水县东,因四源并发而得名。二水流至泗水县时合流,汇流至鲁国首都曲阜县北又分为二水,洙水在北,泗水在南。而在此洙泗之间,恰是孔子聚徒讲学之所。后世遂以洙泗代称孔门教泽。

◎"东林书院源于薛"——薛应旂

薛应旂是晚明的著名学者,既是理学家,又是史学家,还是一位藏书家。他是江苏武进(今江苏常州)人,曾中进士第二名——榜眼。

嘉靖年间,应旂任九江教授,兼任白鹿洞书院山长。其间曾作《观易台记》,内言:"薛子署白鹿洞书院,日盘桓于五老峰下,乐其奇胜……"

东林学者顾宪成、允成兄弟曾师事应旂,史称"东林书院源于薛"。顾氏兄弟重修东林书院时,于书院主殿中列定朱熹所作《白鹿洞学规》,作为讲学的宗旨。应旂之孙薛敷教亦曾与顾氏兄弟等人一同讲学其中,为东林八君子之一。

江西书院史研究专家李才栋老先生曾说:"薛应旂对东林学派的形成颇有影响,而东林书院的创建和发展,也吸收了白鹿洞书院的办学经验。"由此可见天下书院之首的鹿洞对周边及后世书院的辐射及影响之深远。

大清

明清鼎革之际,鹿洞未遭浩劫,亦未长期停废。

顺治四年(1647年),时任南康知府的李长春升迁他职,临行时捐出部分俸银交给前任知府聂应井,以做修缮鹿洞的费用。然而,当时大清政权甫建未稳,各地反抗此起彼伏,南昌即有金声桓反清复明起义,而白鹿洞书院生徒吴江等聚众响应之,且与清兵在星子短兵相接,修葺书院之事只得暂时搁置。直至顺治七年,白鹿洞书院才最终得到修缮。

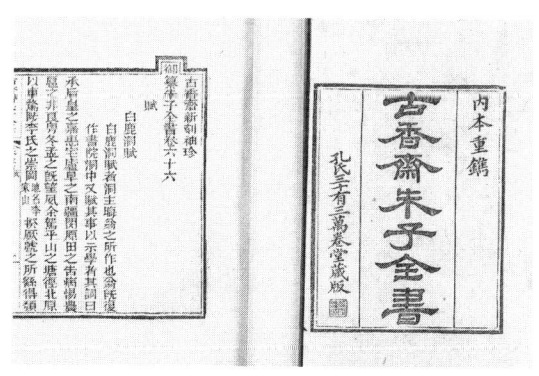

古香斋《朱子全书》
《朱子全书》是朱熹文集与语录的汇编本,全书66卷,康熙帝钦定,李光地等奉敕编次。古香斋是乾隆帝的斋名。古香斋本是指用的古香斋刻本为底本

康熙二十四年（1685年），距南宋孝宗赐书后504年，江西巡抚安世鼎向清廷报告白鹿洞书院情况，并请康熙赐书赐额。康熙准奏。

此次赐书，前后时间跨度很大。其中，《钦颁十三经注疏》和《钦颁二十一史》于康熙二十六年（1687年）四月内奉到。《钦颁渊鉴古文》24本，康熙四十六年（1707年）三月奉到。《朱子全书》38本，一部8本，二部30本，康熙五十四年（1715年）二月奉到。《御纂周易折中》12本，康熙五十五年（1716年）十一月奉到。

嘉庆、道光以后，国运日衰，政府自顾不暇，更遑论文教他业。

嘉庆九年（1804年），江西巡抚秦承恩，借南昌友教书院存银两千两，为白鹿洞置田，并重修书院。这时，白鹿洞书院经费已亏至七千余两。以两千两的借款，填七千两之亏欠，终究无济于事。

道光三年（1823年），江西巡抚程含章捐银万两修缮全省书院，鹿洞得银八百两。这位程含章乃是清代道光时的名臣，云南普洱景东县人，以举人出身而官至巡抚、工部侍郎，位列朝廷大员。此人治理畿辅水利颇有功勋，精于文墨诗章，名重一时，道德、事功、学问俱佳。程含章任江西巡抚的时间极短，前后应只有个把月时间，却依旧泽被一方，捐修书院、设立义仓、修筑圩堤。

道光以后的白鹿洞书院往往借助于一些工商业主的经济支持。

道光十年（1830年），江西都昌县乡绅陈尚忠捐修书院；8年后（1838年），都昌县以"业陶起家"的巨贾吴泰，捐钱一万两千余缗大修书院，并与同邑陈梦悦补刊毛德琦的《白鹿洞书院志》；再4年后（1842年），都昌进士曹履泰、安义张兆奎分别捐修；次年（1843年），陈尚忠之子陈洋漠续修；后4年（1847年），张兆奎追款续修。

程含章捐银后，又奏明："每岁盐务充公项下拨给银千两。"即：每年以盐务充公千两来补助书院经费。后，道光二十七年（1847年），知府邱建猷亦呈请每岁拨漕运银千两充书院日常开支。然而好景不长，3年后（1850年），盐务改章，盐款即停拨；又3年，已是咸丰三年（1853年），漕米又停运，粮款亦停发。鹿洞经费陷入绝境。再往后，太平军兴起，九江乃是主战场，书院被迫停办。

晚清，学制改革大潮中，"取消书院，以便集中人力财力，发展新教育"呼声很高，最终"将公私现有之书院、义学、社学、学塾，皆改为兼习中西之学校"。秋风日紧，古树飘零已成定局。

清光绪二十七年（1901年），清政府下令改书院为学堂，白鹿洞书院停办。宣统二年（1910年），在白鹿洞书院旧址上建起江西高等林业学堂。辛亥革命后，世变天灾，鹿洞遭逢大火，藏书损失殆尽。民国7年（1918年），康有为曾为鹿洞题写"白鹿洞书院"横额，书院小有修葺，但随即又在世乱中倾颓。八年抗战时期，又遭日军百般蹂躏，合抱大树毁坏甚多。抗战胜利后，蒋介石曾希望由位于南昌的中正大学接管白鹿洞书院，使鹿洞作为中正大学的永久校舍，惜未能实现。

晚近

1949年以后，政府陆续拨款修复了书院整体建筑，基本恢复原貌。白鹿洞书院被列为国家级文物保护单位、国家一级自然保护区和庐山世界文化景观之一。

纵观千年，鹿洞从时建时禁到由废而毁，从书院学堂到保护景区，走过了一条崎岖之路。

与之隔山对望的净土宗祖庭东林寺，挂有欢迎各界人士前来念佛禅修的红色条幅，亦有专为外来人士禅修提供免费食宿的崭新屋舍。

东林寺并不只是陈列在展馆中的古玩,供人观瞻,而是实实在在的弘法者,是名副其实的清静道场。

这不禁令人感叹:朱子千年前复兴鹿洞时即多次慨叹庐山上下佛道之盛,儒馆之衰。其身后千年,佛寺弘法未断,而儒馆有名无实。倘若朱子复生当世,又该作何感想?

小知识◎娜嬛

"娜嬛"二字,在贯道溪西壁。楷书。作者不明。

娜嬛(láng huán)是传说中天帝藏书的神仙洞府。

元朝伊世珍的《娜嬛记》中载有一个美丽的传说:晋代文学家张华曾游览于洞宫山(道教第二十七福地,在今福建政和县),遇仙人引他至一巨岩。山石忽洞开为门,入门数步,楼宇嵯峨,别有洞天。入楼观之,书籍满架,书香满室。张华不由大为欢喜,希望能租住此地数十日,好遍览群书。仙人笑着说:您真是爱书爱到走火入魔之境了,这哪里是可以租赁之地?于是笑命小童送张华离开。张华问此为何处?仙人回答说:这里是娜嬛福地。其后,娜嬛遂成为藏书处所的美称。

清代著名藏书家张奭即以"小娜嬛福地"命名自己的藏书楼。《天龙八部》中也有娜嬛福地,在云南大理国的无量山下,那是江湖人梦寐以求的圣地,里面藏有大量武林秘籍。段誉曾偶入此地,习得了北冥神功和凌波微步。

◎文武正气一身兼——田桐

田桐（1879～1930年），湖北蕲春人，是晚清民国时期一位颇具传奇色彩的革命人士。

他幼承庭训，厌八股、习新学。少年只身登庐山，就读于白鹿洞书院。1901年入武昌文普通中学堂读书，与宋教仁结为莫逆之交。后因在考卷上鼓吹革命而获"大逆不道"之罪名，被迫离校。1904年赴日留学，结识孙中山、黄兴等，为同盟会发起人之一。

曾创办主持《二十世纪之支那》（即同盟会机关报《民报》之前身）、《中兴日报》等多种报刊，笔战经年。又策划革命，兴办学校，种种政绩实干，亦可圈可点。黄兴即称赞田桐"不仅长于文学，谋略亦大过人"。

陈炯明与孙中山在北伐问题上政见相左，终致陈于1922年6月炮轰总统府，迫使孙离开广州，时身在韶关的田桐亦在被捕之列。

陈系军阀杀气腾腾闯入田桐的住地后叫嚣："谁是田桐？"田桐面无惧色，上前一步厉声答道："老子就是！"叛军欲押解他回广州，他因平日里好读书，有一书箱总是随身携带，遂叫叛军背之随行，并分毫不让地说："捉我就要替我背东西！"叛军哭笑不得，边背起书箱边说："田先生真是倔强之人。"到广州后，田桐一见陈炯明就责以大义，谓其不该同室操戈。陈炯明对田桐的一身正气深为感佩，遂下令将其释放。

2."礼失而求诸野"
——韩国千元纸币与日本学规歌声何以尚存？

韩国千元纸币正面

韩国千元纸币背面

展开面值1000元的韩元纸币，大韩民国家喻户晓的儒家代表人物李退溪的头像赫然在目；翻转至背面，则是韩国最有名的书院——陶山书院之全景。无独有偶，朱熹手定的《白鹿洞书院学规》被改编成歌曲，至今仍在日本一些书院及学校的上空回荡。而与之形成鲜明对比的是，书院在它的输出国——神州大地上却已有名无实。这是否值得人们深思？

朝鲜在古时曾被称为新罗、高丽，千年以来，一直与中国保持着极其密切的文化往来。唐玄宗开元年间，新罗朝即多次遣子弟留学长安，玄宗称之为"君子国，知诗书"。举凡儒家九经、诸史、文集等均为朝鲜士人所必读，尤其是乐天白香山之诗文更为朝鲜读书人钟爱。

宋朝时，高丽曾专设修书院于西京，也建成了与中国唐代丽正书院等相似的专为藏书之机构（《高丽史》）。元代时，朱子学说传至高丽，一时名儒辈出。14世纪，李氏王朝（1392～1910年）代替高丽王朝，国名改为朝鲜，朱子学说得到进一步发展，出现了李退溪、李粟谷等朱学大师。

李朝第四位皇帝世宗甫即位（1419年，明成祖永乐十七年）即下令："凡儒士凭借个人力量修筑书院，讲学施教的，朝廷得知后都会予以褒赏。"（《世宗实录》）这份教令，是中国书院制度东传至朝鲜的标志。在政府的提倡下，朝鲜举国顿兴修筑书院之风潮。

然而，韩国学界普遍将16世纪白云洞书院的创设视为朝鲜书院真正意义上的开端，主要是因白云洞书院始兼讲学与祭祀双重功能，与前不同。李朝中宗三十七年（1542年），丰基郡周世鹏在高丽名儒安向读书的白云洞创立了白云洞书院，成为朝鲜书院的"嚆矢"（李丙焘《国史大观》）。据朝鲜《明宗实录》卷十记载，白云洞书院"盖仿朱文公之白鹿洞也"。

朝鲜书院，一概以白鹿洞书院为楷模。朝鲜李氏王朝世宗二十一年（明正统四年，1439年），诏令效法白鹿洞书院办学，使书院兼有教学和祭祀的双重使命。《世宗实录》："成均馆议：谨按朱文公淳熙间在南康请于朝，作白鹿洞书院学规，其略曰：父子有亲，君臣有义，夫妇有别，长幼有序，朋友有信，右五教之目……"

李滉，号退溪，出生于1501年，是朝鲜李氏王朝的朱子学大师，当之无愧的韩国儒家代表人物,在大韩民国可谓家喻户晓。李退溪兴办书院的经历与朱熹极其相似,都是在地方官任上对始于前朝之已存学馆做进一步的扩建复修——朱熹接续南唐庐山国学而复兴之,李滉则承继白云洞书院而光大之。

史载,文纯公李滉来到丹阳郡继任郡首,认为若不从上而下施布教化,则教育事业必然废颓。于是,他上书给监司官沈通源,请其代为告知朝廷,希望能依仿中国宋朝白鹿洞书院之故事,御赐匾额与书籍给白云洞书院,使学子能够论道讲学于其中。

比起朱熹几番上书的一波三折,退溪的上言之路可谓一片坦途——监司二话没说,速为禀报朝廷。此正中皇帝下怀,下诏修书院:首先,御赐"诏修书院"四字匾额于白云洞书院;其次,诏赐"四书五经"、《性理大全》等书;最后,还命大提学申光汉为此事作记。朝鲜书院赐额自此而始。(《增补文献备考·学校考》)

这种额赐书院,在朝鲜共有269所,占书院总数的40%以上。朝鲜8个道中的7个道,有25所书院,皆奉祀朱熹。退溪本人也被尊为李氏朝鲜五贤之一,从祀中央文庙,并在40多所书院中享有崇高的地位。退溪的著作东渡日本,计有11种46卷,一再刻印出版,先后培育了藤原惺窝、林罗山等朱学大师。

以此为契机,韩国书院遍地开花,至19世纪末,已增设至1700多所。花粉远播东瀛,白鹿洞书院这枝奇葩在异域延续了、拓展了她的生命。

兴宣大院君(1820~1898年)在位时大力整顿,只留下堪为"师表"的47所,其余全部废除,留下的都保存至今,延续着韩国书院的命脉。

当今世界,韩流气势咄咄逼人,韩国文化产业在世界市场上占据着可观的份额,韩国已成为世界上排名前几位的文化产业强国,这与它重视保存本国传统文化是密不可分的。

韩国学者丁淳睦在《韩国书院教育制度研究》一书序言中说："韩国书院是朱学名份论之子，韩国士林精神之父。"

陶山书院位于韩国庆尚北道安东市陶山南面。书院建筑简洁，是朝鲜时代书院建筑的典范，为李退溪在1561年所修建。退溪离世后，他的学生和地方儒者为纪念其学德，又对书堂进行了扩建。1575年扩建完工时，皇帝亲赐朝鲜著名书法家韩石峰书写的"陶山书院"匾额。

书院背山临水，前是波光粼粼的安东湖，后是郁郁葱葱的松树林，是一个美丽宁静充满文化氛围的地方。陶山书院自修建之日起，一直是韩国儒家精神的象征。

陶山书院于1960年被韩国政府指定为国家第170号史迹。

今天的陶山书院是韩国庆尚北道的观光名地，也是人们短期研修儒学的地方。每年农历二月、八月举行祭祀，每年三月、九月举行"陶山别试"（汉诗大会）。陶山书院为公务员、教师等社会群体举行定期的儒家文化学习体验课程。

日本近世儒学的开山祖藤原惺窝（1561～1619年），出身日本名门藤原氏冷泉家。7岁剃发，18岁入日本禅宗五山之一的相国寺为僧。藤原在此禅儒兼习，旁收老庄，成为学识出众的一代名僧。

然而，藤原自30岁起改习朱子之学，遍读宋儒著作，认为朱子独得道统之传，而佛教轻视人伦，不足取。藤原创立了日本朱子学的京师学派，其学适应了德川幕府统一日本后的政治经济发展需求，成为日本占统治地位的学派之一。朱子学遂成为日本的国学。

而《白鹿洞揭示》，可能早在宋朝就同朱熹的著作一道掺杂在僧人带回日本的佛典之中。而僧人仅注重研究朱熹的哲理，对《揭示》没有加以注意。

藤原去世后,另一位名僧山崎闇斋(1618～1682年)亦以佛门人士之身份开始接触朱子学说。他读到了李退溪的《自省录》,倍感振奋,从此开始研究《白鹿洞学规》,大力宣扬李退溪的《白鹿洞书院学规集注序》,并书写了《白鹿洞学规集注》。山崎于25岁还俗,在京都、江户讲朱子学,晚年研究神道,把朱子学和神道结合起来,创"垂加神道",形成一个学派。

他的弟子号称6000人,其中以崎门三杰之一的浅见䌹斋一派尤重视对《白鹿洞学规》的研究,著有《白鹿洞书院揭示考证》和《白鹿洞书院揭示师说》等著作,成为崎门学派的主要特征,并从此代代相传,至今仍有很大影响。

据昭和初年的资料记载,日本全国图书馆藏德川时代有关《白鹿洞学规》的各类著作多达26种。民间之收藏尚未包含在内。

朱子学被定为国学之后,幕府专门设立了朱子学的殿堂——昌平坂学问所。各藩纷纷效法,设置藩校,培育本藩子弟。当时,一切讲授朱子学的藩校乡学,都奉《白鹿洞书院揭示》为圭臬。

直至今日,经山崎一派传承下来的朱子《白鹿洞学规》仍在日本不少地方保持着极大的生命力。

日本最古老的平民学校——闲谷学校,源于冈山藩主池田光政与中国唐宋士人创建书院时相仿的隐读山间之梦想。该校兴建于1670年,如今已被列为国家特别历史遗迹,其讲堂更成为日本学校建筑物中的唯一国宝。

就在这大和民族的国宝讲堂内,语出中国儒家经典《尚书·尧典》的"克明德"三字高悬正中;而朱文公所定之《白鹿洞书院学规》则恭悬其侧。乍入其室,恍惚间恐怕你会以为自己身处神州大地。闲谷学校每月初一都会讲习《白鹿洞学规》,初二诗会,十五文会,皆仿中国书院而行。

再如日本冈山县的兴让馆，自1853年由德川御三卿之一的一桥家创设以来，始终奉其尊为校训的《白鹿洞书院揭示》为圭臬。一个多世纪以来，《揭示》早已潜移默化地融入兴让馆师生的灵魂深处。

阪谷朗庐
阪谷朗庐作为外国友人，终身奉行推广《白鹿洞揭示》，为中日文化交流做出了重要贡献

兴让馆首任教授为朱子学者阪谷朗庐，他坚持每日清晨与学生一道齐诵《白鹿洞学规》，方才上课，数年如一日。此外，阪谷还著有《白鹿洞揭示说》《白鹿洞图记》，这两部书连同教谕所第三代馆长山下秋堂的《白鹿洞书院揭示解说》等都流传至今。

《白鹿洞揭示说》中有这样的话语："邪说暴行，纷纷蜂起，余有深慨焉。深思熟虑，命家塾生徒，每朝必诵《白鹿洞揭示》，然后各就其业。盖宇宙间万物，千绪万端，而《揭示》外无道，《揭示》外无教，苟不合乎此者，皆邪说暴行矣。"

不仅如此，他还多次上书一桥家（藩），提请不仅在普通教育，而且在洋学堂、军学堂都应以《白鹿洞学规》为准则。"若干年来，吾用心思之，洋学推进之中，无论何校，都应标举《白鹿洞书院揭示》。其繁简合于中庸，可为万道万基之根本。上天公平，以中国孔孟朱子示万国公道，不独为某国教。吾以为每日诵唱揭示，乃当务之急，但愿藩府劝民诵唱，视如藩规。"

后人平坂谦二先生调查了鸟取县、冈山县儒学遗迹，发现在兴让馆，由阪谷首倡的齐诵《白鹿洞书院揭示》的制度，遵行140年而未变。每日早起，师生会集讲堂，行朝拜之礼，而后由校长起音，师生同声齐诵，接着由教授讲解，结束后就早餐。这实在令人震撼。在这一宗旨的指导下，该校在140年间，培养了数以千计的优秀人才。

现任校长山下五树先生说："庐山是我们心中的故里，《白鹿洞学规》是我们的办学宗旨。"

兴让馆师生曾多次组团来到庐山脚下的白鹿洞书院"谒宗祭祖"。丹桂飘香中，一群异国后学肃立在鹿洞那棵溢金泻香的桂花树前，凝视着"紫阳手植丹桂"石碑，齐声背诵《揭示》。那种崇敬虔诚，在五老峰青山秀峦间缓缓地舒展，令人动容。

日本著名制作家平坂谦二先生是兴让馆高等学校的毕业生，其受《白鹿洞书院揭示》之熏陶影响极深，70多岁高龄时仍深情回忆道：

"在兴让馆学习的3年间，由齐诵而深深印入脑海中的《白鹿洞书院揭示》，一言一句都令人终身不忘。进大学深造的人可以之做进一步求学的指南，就职于社会者则可借助其立身处世。"

平坂先生退休后，更是专事于对《白鹿洞书院揭示》的研究，著有《白鹿洞书院揭示读本》一书。

结　语

即鹿无虞，往吝穷也

　　书院往往由私人兴办，而民间对书院庞大持久的日常开支常常力有未逮，正如江西提督学政陈宝琛在《重修白鹿洞书院记》中所说："虽然书院洞主负有教养士子之职责，但常心有余而力不足……书院日常之经营运转确有必须仰赖于官家者。"

　　也即：由民间兴办之书院，其平日里庞大的开支运营确有民间力量难以企及处，必有待于地方政府之帮助与扶持乃可。但这与由政府直接拨款兴办、书院直属于国家的情况却又不同。此时之书院为"民办官管"，而非"官办国有"。民间与政府携手而行，各取所长，为的都只是教养那一方之士，敦化那一方之俗。

　　民间办学规制更灵活，政府参管资费有保障。如此天衣无缝之完美合作，首需民间与官家之初衷相侔，皆以大公之心为一方百姓谋求福利。如一方有私欲蔽心，则此合作断无可能。公、私之辨即为义、利之辨，象山先生以此为题之演讲引举座动容，又岂虚言哉？

　　以鹿洞为代表的中国古代书院之生命皆凭一代又一代知晓大义、

胸怀大公之官员学者、百姓布衣而得以承续。书院制度之存活,乃因书院精神之存活,而此精神不独在学者讲演中,不独在书院讲义中,而更在万人躬行中,更在数千年的历史传承中。

《周易·屯》中有这样的话:"即鹿无虞,以从禽也。君子舍之,往吝穷也。"意思是说:进山打鹿,若没有熟悉地形和鹿性的虞官帮助,则不但追逐不到猎物,反而会让自己陷入困境。

面对当前国民教育之堪忧现状,如何能逐到古人之"鹿"借为今用,逐到西人之"鹿"借为中用?这需要对各家状况都有一种极深沉细密之了解,需要对国民教育事业有一种诚挚大公之心思。这需要一种智慧。

这不是一件容易的事,但有一点可以肯定:若是将古人之"鹿"干脆舍弃,即将自家历史全部抛弃,则欲求问题之解决是断无可能的。正如钱穆所说:"从没有半身腰斩,把以往一刀切断,而可获得新生的。"

图书在版编目（CIP）数据

鹿因时鸣：白鹿洞书院 / 吴秦荔著. — 郑州：中州古籍出版社，2014.5
（华夏文库）
ISBN 978-7-5348-4591-8

Ⅰ.①鹿… Ⅱ.①吴… Ⅲ.①白鹿洞书院 - 介绍 Ⅳ.①G649.299.564

中国版本图书馆CIP数据核字（2014）第000727号

华夏文库·儒学书系
鹿因时鸣：白鹿洞书院

总 策 划	耿相新　郭孟良
责任编辑	梁　郁
责任校对	牛冰岩
封面设计	新海岸设计中心
版式设计	曾晶晶
美术编辑	曾晶晶
责任印制	刘新毅
项目统筹	单占生　萧　红（执行）

出　版	中州古籍出版社
	地址：河南省郑州市经五路66号
	邮编：450002
	电话：0371-65788693
经　销	新华书店
印　刷	河南新华印刷集团有限公司
版　次	2014年5月第1版
印　次	2014年5月第1次印刷
开　本	960毫米×640毫米　1 / 16
印　张	7.25印张
字　数	75千字
印　数	1—3000册
定　价	20.00元

本书如有印装质量问题，由承印厂负责调换